图1 实践教学用车

图2 实践教学场地

图 3　吉林大学汽车实验馆

图 4　汽车构造多媒体教学平台

汽车专业驾驶实习实践指导

主编 郝春光 付铁军 沈 斌
参编 王军年 张新堂 韩紫云 许 多
　　 褚威威 张泽群 宫维钧

北京理工大学出版社
BEIJING INSTITUTE OF TECHNOLOGY PRESS

内 容 简 介

"汽车驾驶实习"一直都是国内汽车院校的传统实践课程,现又名"汽车操控特性综合实习",为车辆工程及相关专业的重要实践环节。该课程与汽车专业认识实习相结合,使学生初步了解汽车的使用性能,感性了解汽车各个系统之间的动力传递过程、零件运动动作,渗透汽车设计、汽车理论等方面知识,为进一步学习专业课程建立感性认识基础。

本书专为汽车专业师生学习"汽车驾驶实习"实践课所编写,适合于车辆工程、热能与动力工程(汽车发动机)、热能与动力工程(热能)、工业设计(车身结构)、工业设计(汽车造型)、汽车服务工程、汽车维修与检测等汽车相关专业使用。

版权专有　侵权必究

图书在版编目(CIP)数据

汽车专业驾驶实习实践指导 / 郝春光,付铁军,沈斌主编. —北京:北京理工大学出版社,2017.5(2022.1重印)
ISBN 978-7-5682-4007-9

Ⅰ. ①汽⋯　Ⅱ. ①郝⋯　②付⋯　③沈⋯　Ⅲ. ①汽车驾驶-基本知识　Ⅳ. ①U471.1

中国版本图书馆 CIP 数据核字(2017)第 096445 号

出版发行 / 北京理工大学出版社有限责任公司
社　　址 / 北京市海淀区中关村南大街 5 号
邮　　编 / 100081
电　　话 /(010)68914775(总编室)
　　　　　(010)82562903(教材售后服务热线)
　　　　　(010)68944723(其他图书服务热线)
网　　址 / http://www.bitpress.com.cn
经　　销 / 全国各地新华书店
印　　刷 / 北京虎彩文化传播有限公司
开　　本 / 710 毫米×1000 毫米　1/16
印　　张 / 5.75
彩　　插 / 1
字　　数 / 103 千字
版　　次 / 2017 年 5 月第 1 版　2022 年 1 月第 2 次印刷
定　　价 / 22.00 元

责任编辑 / 李秀梅
文案编辑 / 杜春英
责任校对 / 周瑞红
责任印制 / 王美丽

图书出现印装质量问题,请拨打售后服务热线,本社负责调换

前　言

根据《教育部　财政部关于"十二五"期间实施"高等学校本科教学质量与教学改革工程"的意见》（教高〔2011〕6号）的安排，教育部决定开展国家大学生校外实践教育基地（以下简称实践基地）建设工作，其中吉林大学–中国第一汽车集团公司工程实践教育中心，2011年被列入国家大学生校外实践教育基地建设项目，2012年正式启动建设。

通过本项目的相关建设，依托吉林大学"大汽车"学科优势，建立起与国际机械工程教育接轨、适应我国汽车创新型人才培养的校外实践基地，创新车辆工程人才培养模式，突出强化实践教学环节，构建高校与行业龙头企业联合培养人才新机制，推动高校转变教育思想观念，提升高校学生的创新精神、实践能力、社会责任感和就业能力，进一步夯实其学术理论基础、国际化学术视野、工程实践能力与就业竞争力，为未来行业技术领军人才的涌现和我国从汽车大国迈向汽车强国的发展战略提供人力资源支撑。

课程实践环节改革方面，依据专业认证意见要求和新版培养方案，全面增加专业课程实践比例，原来开设的课程实验由9门拓展为16门。

"汽车操控特性综合实习"是车辆工程及相关专业的重要实践环节。该课程与汽车专业认识实习相结合，使学生初步了解汽车的使用性能，感性了解汽车各个系统之间的动力传递过程、零件运行动作，初涉汽车设计、汽车理论等方面知识，为进一步学习专业课程建立感性认识基础。

此实践课程原名为"汽车驾驶实习"，且为全国各汽车本科院校的传统实践教学课程，因其课程理论与实践相结合的特色，深受广大学生的欢迎。目前一直依靠任课教师教案和经验教学，暂无统一教材。为规范汽车操控特性综合实习实践课程教学，亟需本课程教材。

本编写组由有多年出版汽车教材经验的专业教师和长期带引学生实践的实验室教师等组成，根据专业教学需求，结合历年课堂教学经验，编写了本《汽车专业驾驶实习实践指导》。

本书有以下特点：

1. 紧密结合课程教学大纲，帮助学生掌握汽车专业基本概念、基本理论，增加实践中的动手能力。

2. 每章设置有学习目的、学习内容、学习重点等条目，由浅入深，循序渐进。

3. 教材编写更贴近教学实践。

不同于为考取驾驶证而在驾校的培训，本《汽车专业驾驶实习实践指导》主要针对高校汽车专业开设驾驶实习实践课的师生，结合汽车构造的专业认识学习，再通过驾驶实习，达成如下目标：

1. 熟悉汽车的基本组成，掌握汽车各主要操纵部件、仪表的功能和使用方法。

2. 理解汽车的主要性能，掌握汽车操控要领。

3. 巩固汽车构造知识，初涉汽车理论和汽车设计方面的知识。

4. 增强对汽车的感性认识，提高学习汽车及相关专业的积极性。

编　者

目　录

第一章　绪论 ··· 1
　第一节　实践课程概述 ·· 1
　第二节　教学基本内容与教学要求 ·· 2
　第三节　吉林大学汽车实验教学中心简介 ································ 3
第二章　汽车基本知识 ·· 5
　第一节　汽车类型 ··· 5
　第二节　车辆识别代码 ··· 7
　第三节　汽车基本构造 ··· 9
　第四节　汽车行驶基本原理 ··· 12
第三章　静态车辆总体认识 ··· 14
　第一节　车身型式 ·· 14
　第二节　车厢空间 ·· 15
　第三节　驾驶姿势 ·· 25
　第四节　基本驾驶技术 ··· 27
第四章　汽车起动与停止 ·· 31
　第一节　相关操纵装置的基本认识 ······································· 31
　第二节　汽车的平地起动 ·· 33
　第三节　直线行驶 ·· 37
　第四节　制动减速与停车 ·· 38
　第五节　坡道起步与停车 ·· 41
第五章　汽车转向 ··· 44
　第一节　相关装置的基本认识 ·· 44
　第二节　平地上汽车转向 ·· 48
第六章　汽车的换挡操作 ·· 53
　第一节　换挡对汽车性能的影响 ··· 53
　第二节　基本操作训练 ··· 55

第三节　模拟工况驾驶训练……59
　　第四节　四驱型式的转换……62
第七章　自动挡汽车……66
　　第一节　认识自动挡汽车……66
　　第二节　驾驶操作……70
第八章　汽车新技术……74
　　第一节　安全新技术……74
　　第二节　节能新技术……78
　　第三节　智能新技术……81
参考文献……84

第一章 绪　　论

第一节　实践课程概述

一、目的与任务

1. 目的

汽车操控特性综合实习，是车辆工程及相关专业的重要实践环节。该课程与汽车专业认识实习相结合，使学生初步了解汽车的使用性能，感性了解汽车各个系统之间的动力传递过程、零件运行动作，初涉汽车设计、汽车理论等方面的知识，为进一步学习专业课程建立感性认识基础。

2. 任务

结合实车讲授、演示，在教师的监护下学生动手操作并驾驶车辆，让学生了解汽车的基本组成、汽车各主要操纵装置、仪表的功能和使用方法；了解汽车的主要性能，即动力性、经济性、制动性、操纵稳定性、平顺性、通过性及其主要影响因素；掌握汽车基本驾驶技能。

二、名称、学时、学分、性质

课程名称：汽车操控特性综合实习。

课程代码：08442102。

学时：1周（8学时）。

学分：1分。

性质：必修。

三、面向专业

车辆工程、热能与动力工程（汽车发动机）、热能与动力工程（热能）、工业设计（车身结构）、工业设计（汽车造型）、汽车服务工程、汽车维修与检测等汽车相关专业。

四、实习基地

驾驶实验场地 20 000 m²（暂用长春国际会展中心），现有实验车辆 5 辆，汽车驾驶者 5 名。

第二节　教学基本内容与教学要求

一、教学基本内容

1. 总体认识（0.5 学时，4 人/组）

采取实车讲授、分解认识的方法，了解车辆的组成及功用。

2. 原地操控（0.5 学时，4 人/组）

掌握各操纵部件的功用及操纵方法，结合汽车专业认识实习，认识各个操纵部件的运动传递路径。

3. 起步操控（1 学时，4 人/组）

起步要平稳。踏下离合器踏板，将变速器挂入一挡或二挡，放松手制动器，逐渐放松离合器踏板，同时逐渐平稳地踏下加速踏板。在起步过程中，通过专用实车教具，体会离合器间隙变化和半轴扭矩变化过程，理解汽车离合器设计要领。

4. 转向操控（2 学时，4 人/组）

通过行驶过程中的转向，体会路面传递到转向盘的反力，体会液压助力转向对转向盘力矩的影响，使学生了解转向系统设计和汽车转向理论知识。

5. 换挡操控（2 学时，4 人/组）

设定汽车不同状况，让学生亲手操控汽车变速器，使其了解变速器的工作原理，掌握换挡操作要领、换挡时机及各操纵件的协调配合。体会汽车变速器的三大功能，感受汽车同步器的作用和同步过程，通过专用教具，使学生对变速器降速增扭作用有直观感性认识。

6. 制动、停车操控（1 学时，4 人/组）

在汽车行驶过程中让学生亲手操控行车制动装置，使其体会操控的制动器踏板力对制动减速度的作用；通过专用教具控制每个车轮的制动管路，体会制动系统的理论知识和设计要领；通过转向过程中操纵制动使制动器抱死，让学生体会汽车制动防抱死系统的优点。

7. 考核（1 学时，1 人/组）

汽车理论考核及实际驾驶操作考核。

二、教学要求

结合汽车构造的专业学习和认识,通过驾驶实习,熟悉汽车的基本组成,掌握汽车各主要操纵部件、仪表的功能和使用方法;理解汽车的动力性、经济性、制动性、操纵稳定性、平顺性等主要性能,掌握汽车操控要领;巩固汽车构造知识,初涉汽车理论和汽车设计方面知识,提高对汽车的感性认识,提高学习汽车及相关专业的积极性。

同时,在实习过程中,严格遵守汽车驾驶规程,严格服从指导教师的安排,不擅自驾驶车辆。

第三节 吉林大学汽车实验教学中心简介

一、吉林大学汽车基础实验教学中心

吉林大学汽车基础实验教学中心成立于 2004 年,2004 年通过省"双基"实验室评估,中心实行校、院两级管理,全面负责车辆工程及相关专业本科生基础课实验教学、实践教学和师资培训。目前中心下设汽车实验室、热能工程实验室,实验室使用面积 4 860 m^2。

近三年来,教育部、"211 工程"、"985 工程"、吉林大学本科生教学评估、汽车工程学院自筹配套经费总计 2 600 万元(人民币),中心拥有国内唯一的汽车工程结构实验馆和国内先进水平的汽车四鼓底盘测功机、汽车排放测试系统、汽车动力传动系统试验台、汽车混合动力试验台等特大型实验设备,设备的年利用率均在 260 小时以上,贵重仪器、设备使用效益评估分数均在 75%以上,中心仪器、设备总资产 3 100 万元(人民币);仪器设备 515 台套,设备完好率 99%,利用率 100%。

中心承担 23 门实验课、80 个实验项目,覆盖车辆工程专业(国家级重点学科)、工业设计造型专业(汽车车身专业)、能源与动力专业、交通运输管理、汽车运用等 5 个车辆相关专业;学生人数 1 940 人,每年完成实验教学人时数 13.506 万。各课程实验教学学时为理论教学学时数的 35%,其中汽车构造实习实验课、汽车驾驶实习实验课都是独立设课、单独计算学分。我校汽车专业大学生,连续两年在全国大学生汽车构造拆装大赛获得一等奖,汽车驾驶实习实验课为全校大学生服务,是大学生取得汽车驾驶执照和获得驾驶技能的基地。中心的实验项目开出率为 100%,其中 85%为综合性和研究创新性实验。

中心具有先进的开放实验教学的软、硬件环境,建立了实验教学网络管理系统，从学生选课、答疑、实验课签到、报告的提交、成绩评定和查询到统计评估（正在建中）全部进行计算机管理。中心实行开放运行机制，每天开放 12~14 h，网络资源 24 h 开放，为广大学生提供了高水平的实验、实习平台。

中心树立培养高素质创新型人才观念，围绕着学科发展前瞻性新技术开展实验项目的研究，利用高水平实验设备开出高水实验项目，填补了国内高校的多项空白，如汽车整车排放试验、汽车驱动动力特性试验、汽车自动变速器特性试验等，自制汽车典型实物模型 180 个，自制试验台 8 个。

中心全面落实科学发展观，认真贯彻吉林大学有关实验教学的文件精神，制定了中心的可持续建设规划和年度建设规划，建立切实可行的管理办法和有效的运行机制，充分调动全员的工作积极性；积极开展实验教学的研究与更新，近三年与全国 50 多所院校开展了交流与合作，并对省内其他高校开放，扩大了我校实验教学的示范和辐射作用。

二、吉林大学汽车实验室

吉林大学汽车实验室成立于 1956 年，隶属于吉林大学汽车工程系。作为目前国内车辆工程领域的国家重点学科——车辆工程专业的教学和实验基地，多年来，汽车实验室在汽车专业的人才培养、实验教学和科学研究等方面发挥了重要作用。"九五"期间，为适应国际汽车工业安全、环保和节能等三大主题的技术研究，以国家"211 工程"重点建设项目为契机，相继建设完成"四轮驱动底盘测功机""电控动力传动系试验台"和"排放分析测试系统"等多项具有国际先进水平的试验测试平台，标志着实验室的试验能力和科研水平已步入崭新的阶段。进入 2000 年，原吉林工业大学与吉林大学合并后组建了新的吉林大学，对车辆工程学科予以高度重视，对汽车实验室的基地建设的支持力度不断增加。随着我国汽车工业的快速发展和对专业人才的迫切需求，作为汽车专业人才培养基地的汽车实验室必将发挥日益重要的作用。

吉林大学汽车实验室以实验教学和人才培养为基础，以汽车关键技术试验研究为重点，几十年来，在为汽车行业培养大批专业人才的同时，承担了政府部门和企业委托的大量科研试验项目，取得了显著的科研成果。

吉林大学汽车实验室是经原机械工业部认证通过的机械行业产品质量监督检测机构，是国家质量检验检疫总局认可的第三方检测实验室。实验室于 1999 年 5 月通过中国国家实验室认可和国家计量认证，为车辆行业提供汽车、低速货车、拖拉机、内燃机等整车及总成、部件产品的定型试验、委托检验，受政府部门委托，承担低速货车公告检测和拖拉机 3C 认证检测，实验室出具的检测试验数据具有法律效力。

第二章 汽车基本知识

> ➢ 结合实车讲解汽车的分类及汽车品牌文化,激发学生对汽车行业的热爱。
> ➢ 结合车辆识别代码(VIN)在汽车流通过程中规范化管理的重要作用,了解VIN各部分的意义。
> ➢ 了解汽车基本构造和行驶原理,加深学生对基础专业知识的理解。

第一节 汽车类型

> ➢ 教师应当结合实际教具,向学生穿插讲授汽车文化、汽车品牌和汽车类型的相关知识,激发学生对汽车行业的兴趣和热爱。

汽车的种类繁多,根据原国家标准GB/T 3730.1—1998的规定,可按用途、动力装置、道路特征等进行分类。

一、按用途分类

汽车按用途分为:运输汽车、特种用途汽车和农用汽车。

运输汽车包括轿车、客车、货车和牵引汽车。特种用途汽车主要是用于执行运输以外任务的汽车,一般根据特殊使用要求设计或改装而成,如专用汽车、娱乐汽车和竞赛汽车等。农用汽车是指适用于农用作业和农业运输的汽车,主要用来完成农业生产和生活必需品的运输任务。农用汽车可以是货车、客车和轿车。

根据现行国家标准GB/Y 3730.1—2001《汽车和挂车类型的术语和定义》,将汽车分为乘用车和商用车。

乘用车是指在设计和技术特性上主要用于载运乘客及其随身行李和临时物品的汽车,包括驾驶者座位在内最多不超过9个座位,也可以牵引一辆挂车,主要有普通乘用车（包括活顶乘用车、高级乘用车、小型乘用车、敞篷车、舱背乘用车，这5种又统称为轿车）、旅行车、多用途乘用车（MPV）、短头乘用车、越野乘用车以及专用乘用车等。商用车是指设计和技术特性上用于运送人员和货物的汽车，并且可以牵引挂车。商用车包括客车、半挂牵引车和货车等。

二、按动力装置分类

1. 内燃机汽车

内燃机汽车可分为活塞式内燃机汽车和燃气轮机汽车。活塞式内燃机汽车由于燃料不同，有汽油机汽车、柴油机汽车和代用燃料汽车。现有代用燃料主要指合成液体石油、液化石油气（LPG）、压缩天然气（CNG）、醇类等。

燃气轮机汽车是一种涡轮式内燃机汽车。与活塞式内燃机相比，燃气轮机功率大，质量小，转矩性能好，对燃油没有限制；缺点是耗油量多，噪声大，制造成本高。

2. 电动汽车

电动汽车的动力装置是直/交流电动机。电动汽车的优点是无废气排出，不产生污染，噪声小，能量转换效率高，易实现操纵自动化。电动机的供能装置通常是化学蓄电池。传统的铅蓄电池在质量、充电间隔时间、寿命、放电能力等方面还不完全令人满意，从而限制了电动汽车的普及。

但是，在汽车公害、能源等社会问题进一步突出的今天，电动汽车的研究和推广工作步伐日益加快。

目前，碱性蓄电池（镍–镉电池、镍–铁电池）和锂离子电池的研究应用取得了较大的进展。这些新型电池性能好、质量小，但是其制造工艺较复杂，致使价格过高。

此外，电动机的供能装置也可以是太阳能电池，或者是其他形式的电源。

三、按道路特征分

1. 公路用车

公路用车指主要行驶于公路和城市道路的汽车。公路用车的长度、宽度、高度、单轴负荷等均受交通法规的限制。

2. 非公路用车

主要有两类：一类是本身的外廓尺寸、单轴负荷等参数超出了法规限制而不适于公路行驶，只能在矿山、机场和工地内的无路或专用道路上行驶的汽车；另一类是越野汽车。

第二节 车辆识别代码

> 教师结合实车，引导学生寻找代码标识的安装位置，对比不同车型的异同；解释代码含义，帮助学生理解代码及其重要作用。

一、VIN 概述

VIN 是英语 Vehicle Identification Number 的缩写，即车辆识别代码，每辆汽车都有一个唯一的识别代码，相当于车辆的身份证代码，具有唯一性和标准性。VIN 的引入有助于在汽车生产、销售、维修、流通等环节保证信息的可追溯和便捷获取，极大地提升了汽车行业的规范程度和交通行业的规范管理。

VIN 一般由 17 位数字或字母组成，包含车辆的生产厂家、年代、车型、车身型式、发动机及组装地点等信息。我国生产的轿车（M1 类汽车）的 VIN 标牌，一般都贴在仪表板左上角或右上角，透过前风挡玻璃能够看到。

二、VIN 的构成

17 位的 VIN 可以根据其各自代表的含义划分成三部分，它们分别是世界制造厂识别代号（WMI）、车辆说明部分（VDS）和车辆指示部分（VIS），如图 2.1 所示。

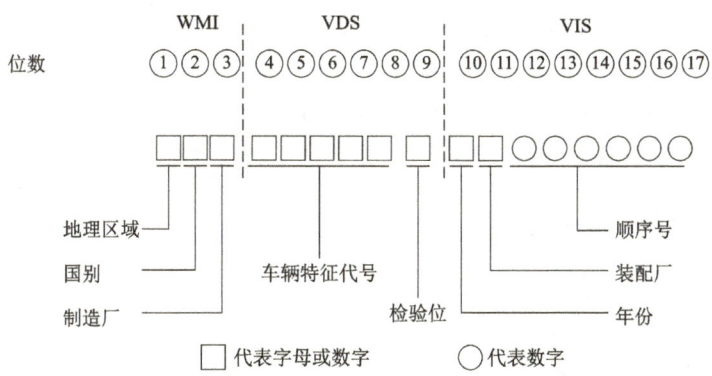

图 2.1 VIN 的构成

世界制造厂识别代号（WMI）：用来标识车辆制造厂的唯一性，通常占车辆识别代码的前三位。第一个字码为地理区域代码，如非洲、亚洲、欧洲、大洋洲、北美洲和南美洲。第二个字码是标明一个特定地区内的一个国家的字母或数字。在美国，汽车工程师协会（SAE）负责分配国家代码，例如 L 表示中国，1 表示美国，J 表示日本，K 表示韩国。第三个字码是标明某个特定的制造厂的字母或数字，由各国的授权机构负责分配，例如 B 表示宝马汽车公司，N 表示日产汽车公司。当制造厂的年产量少于 500 辆时，世界制造厂识别代码的第三个字码就是 9。

车辆说明部分（VDS）：说明车辆的一般特性，由车辆识别代码的第 4 位到第 9 位共 6 位字符组成。例如汽车的车型属于轿车、MPV、载货车还是客车，都能标识出来。汽车类型一般特征包括以下内容：

轿车：种类、系列、车身类型、发动机类型及约束系统类型。

MPV：种类、系列、车身类型、发动机类型及车辆额定总重。

载货车：型号、系列、底盘、驾驶室类型、发动机类型、制动系统及车辆额定总重。

客车：型号或种类、系列、车身类型、发动机类型及制动系统。

第 9 位填入一个用来表示车辆识别代码书写准确性的"检验数字"（一个数字或一个字母"X"）。其目的是核对数字，检验 VIN 填写是否正确，并能防止假冒产品。它是其他 16 位字码对应数值乘以其所在位置权数的和除以 11 所得的余数，当余数为 0～9 时，余数就是检验数字；当余数为 10 时，使用字母"X"作为检验数字。

车辆指示部分（VIS）：制造厂为了区别不同车辆而指定的一组字符，车辆指示部分由车辆识别代码的后八位字符组成，其最后四位字符应是数字。第 10 位为生产年份：1 表示 2001 年，2 表示 2002 年，以此类推，后边的 2010 年则用 A 表示进行纪年，并以此类推。例如汽车标识着 1G1BL52P7TR115520，可知该汽车生产于 1996 年，厂商为 GM 公司，产地在美国。

注意：为了避免误解，VIN 中不会包含 I、O、Q 三个英文字母。

三、VIN 标识位置

车型标牌的位置，除挂车和摩托车外，标牌应固定在仪表板的左侧前挡风玻璃左下方；如果没有这样的地方可利用，则固定在门铰链柱、门锁柱或与门锁柱接合的门边之一的柱子上。如果那里也不能利用，则固定在车门内侧靠近驾驶者座位的地方。如果上述位置都不能利用，则要向 NHTSA 书面申请。标牌的位置应当是除了外面的车门外，不移动车辆的任何零件就可以容易读出的地方。

四、VIN 的重要作用

在保险理赔中，VIN 是验明车辆身份、判别其是否为保险标的的关键因素。在理赔过程中，查勘定损人员通过拓印出险车辆的车架号即 VIN，然后与保单上的 VIN 进行核对，若两者不一致，就存在诈保的可能性，或不属于保险责任，不予立案处理。

在政府车辆交通管理中，VIN 是有效识别盗抢、非法拼装车辆，遏制骗赔风险的重要依据。盗抢车辆的 VIN 往往有打磨、更改的痕迹，拼装车辆的品牌、配置与 VIN 信息也不完全一致。

在汽车配件经营管理中，VIN 也起着重要作用。在查找零件目录中汽车零件号之前，首先要确认 VIN 所代表的车型、年款等，以避免误购、错装现象。

第三节　汽车基本构造

> ➤ 教师结合汽车基本构造，不仅向学生介绍不同部分，解释相关结构、工作原理、作用等，而且引导学生思考各个总成之间的工作衔接与协调。

汽车一般由发动机、底盘、车身和电气设备四个部分组成。

一、发动机

现代汽车上搭载的发动机主要有汽油机和柴油机两类。其中，按照活塞运动方式不同，可以分为往复活塞式和旋转活塞式两种。按照冷却方式，可以分为风冷式和水冷式。按照进气状态，可以分为非增压式和增压式。发动机一般由机体、曲柄连杆机构、配气机构、供给系统、冷却系统、润滑系统、点火系统（汽油机用）和起动系统组成，作用是使供入的燃料燃烧，使燃料的化学能转化为机械能对外做功。

发动机在汽车上的布置形式，主要有发动机前置前轮驱动（FF）、发动机前置后轮驱动（FR）、发动机后置后轮驱动（RR）三种。发动机前置前轮驱动时，发动机可以横置，可以纵置，也可以布置在轴距外、轴距内或者前桥上方。发动机的不同布置方案，对前排座椅的布置、汽车总长、轴距、车身造型、轴荷分配、整备质量、主减速器齿轮形式以及发动机的接近性等均有影响。

当发动机横置或者纵置在前桥上方时，前围板和前排座椅可以前移，特别是发动机横置允许的前移量较大，汽车的轴距及总长均能缩短，随之整备质量也减小。发动机纵置在前桥前会使汽车前悬、前轴荷增加，所以此时宜采用轴荷尺寸短些的发动机。若发动机布置在前轴之后，受此影响前围板和座椅需要后移，同时汽车的轴距和总长均增长、整备质量增加，但前悬缩短，发动机的接近性变坏，但是这种方案可获得较为合理的轴荷分配。

作为汽车的动力来源，发动机在很大程度上决定着汽车的整体性能水平。因此，对发动机也有着很多性能指标要求。对于动力性，用发动机飞轮对外输出平均转矩（即有效转矩）以及对外输出功率（即有效功率）作为衡量评价指标：

$$P_e = T_{tq} \frac{2\pi n}{60} \times 10^{-3} = \frac{T_{tq} n}{9\,550} \quad (2-1)$$

式中，功率 P_e 单位为 kW，转速 n 单位为 r/min。

$$T_{tq} = 9\,550 \frac{P_e}{n_e} \quad (2-2)$$

式中，转矩 T_{tq} 单位为 N·m。

对于经济性，用发动机单位功率在 1 h 内所消耗的燃油质量（以 g 为单位）进行衡量。

$$b_e = \frac{B}{P_e} \times 10^3 \quad (2-3)$$

另外，对于排放的尾气品质、噪声和气动性能，均有相应的指标和国家标准测定试验进行衡量，此处不再赘述，具体参考相关专业教材。

二、底盘

底盘由传动系统、行驶系统、转向系统和制动系统等组成。其作用是传递作用在车轮和车架之间的力和转矩，缓冲由不平路面传给车架或车身的冲击力，并减少由此引起的振动与噪声，以保证汽车能平顺地行驶。

1. 传动系统

发动机与驱动轮之间的所有传动件总称为传动系统。传动系统的功用是将发动机发出的动力传给驱动轮，并与发动机配合，保证在各种条件下都能正常行驶。传动系统一般由离合器、变速器、万向传动装置和驱动桥等部分组成。

2. 行驶系统

行驶系统一般由车架、车桥、车轮和悬架等组成。行驶系统的功用是：接受发动机、传动系统传来的转矩，并通过驱动轮与路面间的附着作用产生驱动力；将汽车构成一个整体，支撑整车质量及载重质量；传递并承受路面作用于车轮上的各种反力及力矩；减少振动，缓和冲击，保证汽车平顺行驶；与转向系统配合，实现行驶方向的正确控制，保证操纵稳定性和行驶安全性。

3. 转向系统

汽车转向系统是用来改变汽车行驶方向机构的总称。转向系统由转向操控机构、转向器、转向传动机构三部分组成。汽车转向系统的功用是保证汽车能按照驾驶员的意愿进行直线或转向行驶。按转向能源的不同，转向系统可分为机械转向系统和动力转向系统两类。现在汽车大部分都应用了动力转向系统，兼用驾驶员的体力和外部的动力作为转向能源。动力转向系统在机械转向系统的基础上加设一套转向加力装置而形成，根据助力能源形式的不同，可以分为液压助力、气压助力和电动机助力三种类型。

4. 制动系统

制动系统是指实现汽车制动的一系列专门装置。根据制动系统主要作用的不同，分为行车制动系统（使汽车在行驶中进行减速或者停车的制动系统）、驻车制动系统（用来保持汽车可靠地停在原地不动或实现坡路停车所用的制动系统）、应急制动系统（在行车制动系统失效时仍能实现汽车的减速、停车的制动系统）、辅助制动系统（通过设置缓速装置等，实现汽车下长坡或在山区路面行驶时，保持稳定的车速，以减轻行车制动装置负荷的制动系统）。

制动系统一般由以下部分组成：供能装置（供给、调节制动所需要的能量以及改善传能介质状态的各部件的总称，其中产生制动能量的部分称为制动能源）、控制装置（产生制动动作和控制制动效果的各部件总称）、传动装置（将制动能量传到制动器的各部件总称）、制动器（产生制动力的部件，包括缓速装置）。

三、车身

车身是驾驶者工作的场所，也是装载货物的场所。车身一般由车身壳体、驾驶室、车身内外饰件、车身附件和车厢等组成。汽车的重要性能参数——空气阻力系数在很大程度上由车身形状来决定，这对于节能有着不可忽视的作用。车身的直观性也成为各大汽车厂商吸引目标客户的身份标识，越来越得到汽车公司的重视。

四、电气设备

电气设备由电源组、发动机起动系统和点火系统、汽车照明和信号装置等组成。现代汽车得益于日渐发达的电子技术和互联网技术，越来越多的电子设备（包括硬件和软件）被加载到汽车上。例如发动机点火设备、照明和信号装置、空调、音像设备、导航系统、ABS、自动防盗报警，等等。这让汽车不仅满足了人们的出行需求，更成为移动的"手机"、奔驰的"家庭影院"和高速的"房子"。

第四节　汽车行驶基本原理

> 教授学生理解汽车行驶的基本原理，要求能够准确讲述汽车行驶的必要条件。

欲使汽车行驶，汽车要具备两个基本条件：驱动条件和附着条件。驱动条件即指汽车具有足够的驱动力，以克服各种行驶阻力。也就是说，除了受到驱动力之外，汽车还受到车轮和路面接触产生的滚动阻力、车身与空气接触发生黏滞现象产生的空气阻力、汽车上坡时重力分力产生的坡度阻力，以及汽车加速时自身惯性力与惯性力矩产生的加速阻力。必须对汽车施加一个用以克服各种阻力——行驶阻力的力，汽车才能行驶，这个力称为驱动力，用 F_t 表示。汽车行驶时，发动机通过传动系统传到驱动轮上的力矩，用 T_t 表示。力矩 T_t 作用于驱动轮上，使驱动轮对地面产生一个作用力 F_0，那么，地面必定对驱动轮产生一个反作用力 F_t——驱动力，即

$$F_t = T_t / r_q \tag{2-4}$$

式中，F_t 的单位为 N；r_q 为驱动轮动力半径，单位为 m。

汽车在匀速行驶时，其行驶阻力 F_x 由滚动阻力 F_f、牵引阻力 F_j、空气阻力 F_w 和坡度阻力 F_i 构成，即

$$F_x = F_f + F_i + F_w + F_j \tag{2-5}$$

汽车行驶平衡条件是行驶阻力 F_x 与驱动力 F_t 相平衡，即 $F_x = F_t$ 时，汽车匀速行驶；但当 $F_x < F_t$ 时，汽车加速行驶；$F_x > F_t$ 时，汽车减速行驶直至最后停车。

汽车行驶应满足的第一个条件是

$$F_t \geqslant F_f + F_i + F_w + F_j \tag{2-6}$$

但驱动力受地面附着力 F_φ 的限制。汽车行驶应满足的第二个条件是：驱动力小于或等于地面附着力，即 $F_t \leqslant F_\varphi$。其中，$F_\varphi = G \cdot \varphi$，$G$ 为驱动轮上的重力，φ 为附着系数。

因此，汽车能否将驱动力的能力发挥出来还取决于车轮和路面之间附着作

用的限制。如果驱动力大于轮胎与路面之间的最大静摩擦力，车轮与路面就会发生滑转。在松软的路面上，除了轮胎和路面之间的摩擦阻力阻碍车轮滑转外，嵌入轮胎花纹处的软路面还起到一定的抗滑作用。在冰雪或者泥泞路面上，由于附着力很小，汽车的驱动力受附着力的限制而不能克服较大的阻力，导致汽车减速甚至不能前进。即使加大汽车节气门开度，或者变速器换入低挡位获得更大驱动力，车轮依旧滑转。为了增加车轮在冰雪路面上的附着力，可以采用特殊花纹的轮胎或者在轮胎上绕装防滑链，以提高其对冰雪路面的附着力。

第三章 静态车辆总体认识

> 本章重点讲解车厢空间中的灯光控制、驾驶控制、辅助驾驶装置等，使学生初步认识静态汽车内的各个设备的原理、用途及其设计思想。教师结合实物引导学生识别判断各个部分的名称、作用、原理，并讲授设计思路。

第一节 车身型式

乘用车的车身由发动机舱、客舱和行李厢三部分组成。乘用车车身的基本型式有折背式、直背式和舱背式三种。三种基本车身型式的主要区别表现在车身顶盖与车身后部形状之间的关系上。折背式车身有明显的发动机舱、客舱和行李厢，且车身顶盖与车身后部呈折线连接（见图3.1）；直背式车身的特点是后风窗与行李厢接近平直连接（见图3.2），直背式车身流线型好，有利于降低空气阻力和使行李厢容积增大；舱背式乘用车车身的顶盖比折背式长，同时后窗与行李厢盖形成一个整体的后部车门（见图3.3），一般情况下行李厢容积小。将折背式车身顶盖向后延伸到车尾，形成两厢式的变型乘用车车身，也受到许多用户欢迎。除此之外，还有去除顶盖或带有活动顶棚的敞篷车等多种变型乘用车。

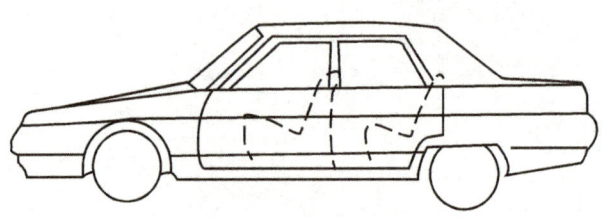

图3.1 折背式车身

第三章 静态车辆总体认识　15

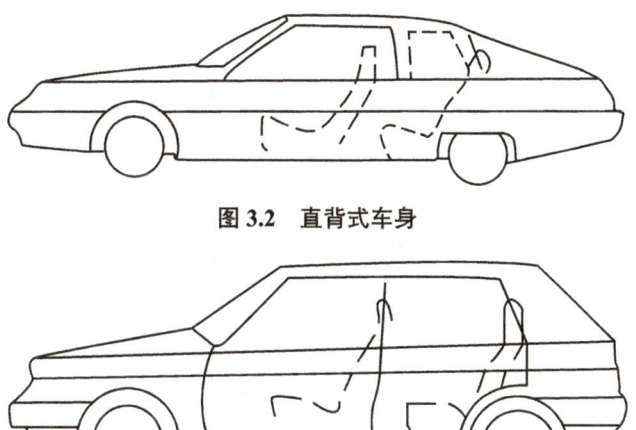

图 3.2　直背式车身

图 3.3　舱背式车身

第二节　车厢空间

> ➢ 讲授发动机舱的设计布置，各个部分的名称、功用、工作原理和使用方法。
> ➢ 车内指导学生认知主驾驶位置各个功能区的布局、功能和使用方法。
> ➢ 重点讲授灯具的种类、作用和使用原则。
> ➢ 重点讲授控制区各个操纵装置的功用、设计和使用方法。

一、发动机舱

在车厢空间中，最为复杂也最为重要的就是发动机舱（见图 3.4）。下面详细介绍发动机舱各个部分的名称、工作原理及作用。

1. 机油

机油又叫润滑油，机油尺是检测机油的唯一途径。目前大多数车都带有电子传感器，发动机内机油如果少了会报警。观察机油量的操作方法是：先将机油尺拉出，用纸巾擦干后再插回去，插到底后再取出，观察机油液面在标尺上的刻度位置。机油尺上有两个刻度，靠近机油尺下侧刻度是机油量允许最小值，上侧刻度量机油量允许最大值。机油量在两个刻度值之间时为正常状态。如果发现机油量低于最小值，那么可能是发动机出现了机油泄漏或烧机油的情况，需要检查清楚之后再添加机油。

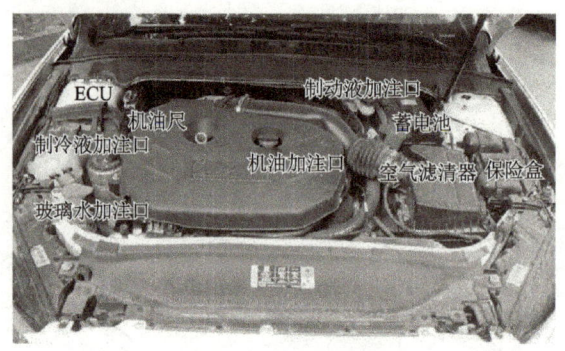

图 3.4　发动机舱布置

机油有以下功用：

（1）润滑减磨：当汽车起动后，活塞与气缸之间、主轴与轴瓦之间、正时齿轮之间等均存在着快速的相对摩擦，机油的一大作用就是通过零件的摩擦，在两个摩擦件间形成油膜，油膜会将两个摩擦零件表面隔开，从而达到减少磨损的目的。

（2）清洗清洁：机油的另一个作用就是通过循环流动，能够将发动机零件上的积炭、油泥、金属磨损颗粒等脏东西带回油底壳，达到清洗清洁的效果。

（3）密封防漏：机油还可以在有相对运动的零件间形成油膜，以提高它们的密封性，防止漏气或漏油。

（4）防锈防蚀：机油通过零件的运动，会在零件表面形成油膜。这层油膜可以吸附在零件表面上，防止水、空气等与零件表面接触而避免零件腐蚀生锈。

（5）冷却降温：机油能够将发动机中的部分热量带回机油箱，再散发至空气中，起到帮助冷却液冷却发动机的作用。

（6）减振缓冲：当发动机起动时，气缸口压力急剧上升，突然加剧活塞、活塞销、连杆和曲轴轴承上的负荷，这个负荷经过轴承的传递润滑，吸收冲击并减小振动，起到缓冲的作用。

2. 冷却液

冷却液具有冷却、防腐蚀、防垢和防冻四大功能，是发动机正常运转不可缺少的散热介质。冷却液的全称应当叫作"防冻型冷却液"，因其加入了防冻成分，比水具备更低的冰点，能够适应北方的严寒天气，不至于结冰造成冷却循环无法工作或胀裂冷却水箱。

正常情况下通过观察液面高度或者直接在车内仪表显示的液面信息，来决定是否补充冷却液。冷却液在发动机冷却系统循环流动，将发动机工作中产生的多余热能带走，使发动机能以正常的工作温度运转。如果冷却液不足或没有，对发动机的伤害是可想而知的。正常情况下，冷却液加满能够用很长时间，但不排除由于冷却液管道泄漏等原因导致冷却液不足。

3. 空气滤清器

为了使发动机正常工作，必须有大量的纯净空气吸入，如果空气中对发动机有害的物质（如灰尘、胶质、氧化铝等）被吸入，缸筒、活塞组件会异常磨耗，以至于混入发动机机油，更大幅增加磨耗，导致发动机性能劣化、缩短发动机寿命，因此需设置空气滤清器。

空气滤清器按照过滤方式，可分为惯性式、油浴式和干性过滤式三类。

（1）惯性式：即旋转离心式，又叫旋风式，依靠气流急速改变方向，有利于较大尘土颗粒的惯性清除。

（2）油浴式：这种空气滤清器底部是一个环形的机油盘，盘内盛装一定量的润滑油，空气进入滤芯之前，由于壳内环形护罩的阻挡而一直向下流动，并冲向机油表面，然后改变方向，经过滤芯，由于惯性使一部分较大的尘粒落入油池，较轻的尘粒则被滤芯黏附，洁净的空气便从中央管进入进气歧管。

（3）干性过滤式：这种空气滤清器的结构与油浴式相似，只是底部没有油池。空气流量计在空气滤清器之后，一般是对进气进行监测，同时汇报给 ECU，ECU 根据空气流量进行计算。

4. 空调制冷剂循环管

机舱内比较粗的金属管，是空调制冷剂循环管，易于分辨，用手摸的时候能感觉到很凉。

5. 制动液

制动液的工作原理是：制动液充满储液室和制动液管路中，当脚踏制动器踏板时，作用力通过制动推杆推动主缸活塞运动，活塞压力通过制动液传递到轮缸活塞，推动制动蹄向外张开，利用制动蹄与轮毂之间的摩擦起到制动作用。单纯从制动液的作用来讲，似乎对其质量要求并不高，因为任何液体都可以起到传力作用。但事实上，由于制动液的特殊用途和工作环境，对其质量要求是十分严格的。

对制动液的要求有以下几点：

（1）应有较高的沸点。现代汽车在行驶中的制动比较频繁，制动鼓（盘）的温度不断升高，如使用沸点较低的制动液，常会在管路中产生气阻而导致制动失灵，因此制动液的蒸发性要低，不易在高温下汽化。

（2）应有适宜的高温黏度和良好的低温流动性。制动液在各种条件下都能及时传递压力，并同时使传动机构中的运动件得到一定的润滑。

（3）具有抗氧化、抗腐蚀和防锈性能。制动液长期与金属相接触应不会因氧化而产生胶状物和腐蚀性物质，或因锈蚀而变色，甚至形成坑点。

（4）吸湿性低，溶水性好，沸点下降少。即使有水分进入制动液，要求能形成微粒而和制动液均匀混合，不产生分离和沉淀现象。

（5）对橡胶的适应性好。制动液对橡胶件不应有溶胀作用，否则会使其失去应有的密封作用，因此制动液对橡胶件要有良好的适应性。

（6）良好的化学安定性。制动液长期在高温作用下使用，因此要求制动液不产生热分解和重合而使油品增黏，也不允许生成油泥沉积物。同时要求互溶性好，当与另一种制动液混合时，不产生分层或沉淀而影响使用。

制动液（刹车油）加注口，一般在靠近 A 柱下方位置，是制动系统必不可少的部分，制动液作为一个传递力的介质，如果不足或里面的含水量太高，会导致刹车失灵的危险后果。

6. 隔声设置

发动机舱内一般有隔声罩进行隔热隔声处理，与此同时发动机盖内还有一层隔声棉，效果很好。

不同车型的发动机舱布置形式不一，具体车型的各个部分应按照实际分析判断。

二、驾驶舱

驾驶舱作为驾驶者的工作场所，也是整车的重要组成部分。驾驶舱应给驾驶者提供便利的工作条件，给乘员提供舒适的乘坐条件，保护他们免受汽车行驶时振动、噪声、废气的侵袭以及外界恶劣气候的影响。为使驾驶舱设计符合人的生理特征，让人在使用时处于舒适的状态和适宜的环境中，就必须在设计中充分考虑人体尺寸。

仪表设计：仪表的排列应适宜人的视觉特性。人的眼睛习惯于从左向右、从上向下运动和顺时针方向转动，仪表的排列应符合这一习惯。当仪表很多时，应按功能分区排列，并且仪表刻度线的粗细、长短及间距都应便于视读。仪表盘上还应装有足够的开关和照明装置，以减轻驾驶者的视觉疲劳等。可以考虑仪表盘用黑色不透明材料制造，刻度盘也采用黑色，以吸收使驾驶者眼睛疲劳的内部照明反射光。全部开关都沉装在控制板内，标志醒目，容易分辨。此外，还设有能产生各种颜色的微光信号仪表，以便检查各器件的工作状况。

操纵器：它是驾驶者将操纵信号传递给汽车的工具。操纵器的设计应适宜于人体尺寸要求和人肢体的用力范围，以便于人的操纵。操纵速度不得超过驾驶者可能的反应速度，操作力求简单、省力，以减轻驾驶疲劳；操纵器的外形应美观大方、手感好等。设计时需充分考虑这些因素，以提高操作的准确性和可靠性。

汽车的操纵器一般分手控和脚控两种。手控操纵器通常指转向盘、变速器操纵杆等，由于手的动作灵敏、准确，因此应考虑用手控制操纵器。设计手控操纵器时，应考虑到手的运动特点、功能及在不同操作条件下的用力状况。一般人坐姿以手臂操纵变速器操纵杆或手轮的用力规律是：右手的力量大于左手，向下的力量略大于向上的力量，向内用力大于向外用力。

图 3.5 所示为对主驾驶位置的功能区划分，虽然各个车系的各个车型的功能区分布会有略微的差异，但是基本的功能覆盖是类似的。

图 3.5　主驾驶位置功能区划分

下面，以图 3.5 为例进行说明。

1. 灯具功能区

灯具作为车内外的照明设备，兼顾与外界进行信息交流，保证行车安全，还是汽车静止或运动状态实时驾驶信息的外化物。对于辅助驾驶者安全高效驾驶、保障交通畅行无阻有着至关重要的作用。

汽车灯具分类如图 3.6 所示。

各种灯具在车体上的分布大致所述（不同车型布置会有差异，图 3.7 仅供教学参考），下边对外部照明和信号装置进行详细讲解。

1）前照灯

前照灯具备提供远距离照明的远光和提供近距离照明且防止对面行人/驾驶者炫目的近光功能。四灯制安装时，其中一对提供远近光光束，对称安装在外侧；另一对提供单远光，对称安装于内侧。近光灯是当车辆前方有其他道路使用者时，不致使其炫目或不适感所使用的近距离照明灯具，常作会车灯使用；

20　汽车专业驾驶实习实践指导

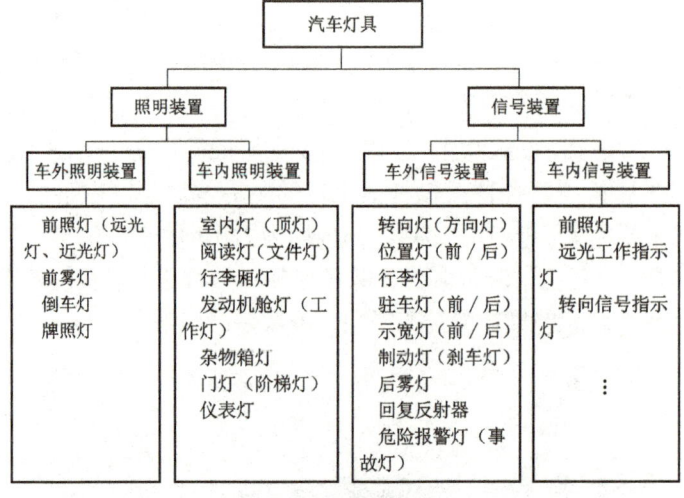

图 3.6　汽车灯具分类

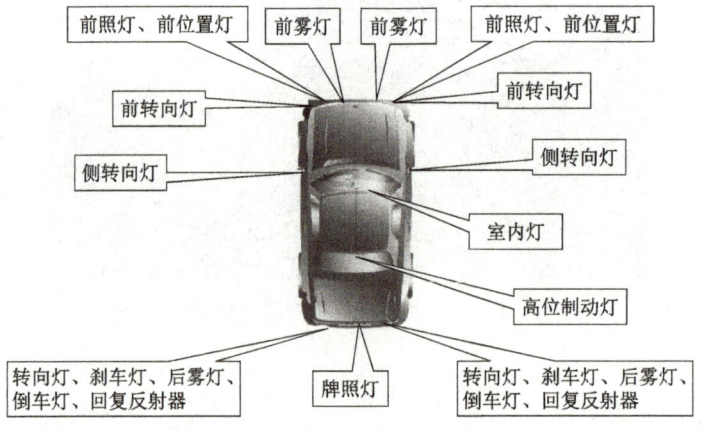

图 3.7　各种灯具在车体上的分布

远光灯是当车辆前方无其他道路使用者时使用的远距离照明灯具，光色为白色。

2）转向灯

转向灯是用于向其他道路使用者表明车辆动态的信号组装。转向灯安装于车辆外侧，左侧灯亮表示左转，右侧灯亮表示右转，灯不亮表示车辆直行。转向灯分前转向灯、后转向灯、侧转向灯（辅助转向灯），光色为琥珀色，闪烁点亮。

3）制动灯

制动灯亮度较强，用来告知后车，本车要减速或停车，此灯如使用不当极易造成追尾事故。另外，更换刹车灯泡时应注意：我国生产的车辆尾灯一般都是"一泡二用"，灯泡内有两个光丝，较弱的为小灯，较强的为刹车灯。

4）牌照灯

牌照灯是用于照明后牌照板空间的装置，该装置由数个光学元件组成。

5）位置灯

位置灯是表明车辆存在和宽度的装置，分前位置灯（白色）和后位置灯（红色）。

6）回复反射器

回复发射器是通过外来光源照射后的反射光，投向位于光源附近的观察者，表明车辆存在的装置。

7）前雾灯

前雾灯是用于改善在雾、雪、雨或尘埃情况下道路照明的灯具。为防止使迎面车辆驾驶者炫目，前雾灯光束在地面的投射距离相对近光光束来说要近。光色为白色/黄色。

8）后雾灯

后雾灯是在大雾情况下，从车辆后方观察，使得车辆更为易见的灯具。由于其光的穿透力强，可在很大程度上减小不良天气情况下汽车的追尾事故，预防交通事故的发生。光色为红色。

9）倒车灯

倒车灯是照明车辆后方道路和警告其他道路使用者，车辆正在或即将倒车的灯。光色为白色。

10）驻车灯

驻车灯是用于引起人们注意，在某区域内有一静止车辆存在的灯具。在此情况下，驻车灯代替前位置灯和后位置灯。前灯光色为白色，后灯光色为红色。

11）其他灯具

示廓灯、侧标志灯为位置灯的延伸，是用于照明车辆前方的灯具，光色只能是白色、黄色，不允许出现红色。

目前内部照明灯尚未有强制执行的国际国内标准，照明要求按主机厂各自的规定执行。

2. 行驶控制区

行驶控制区作为驾驶者操纵汽车最直接的空间，分布着转向器与转向盘、变速器操纵杆、离合器踏板、制动器踏板、油门踏板、仪表等重要的操纵装置。下面分别展开讲解。

1）转向器与转向盘

转向器是转向系统的减速传动装置，一般有1～2级减速传动副，可按传动副的结构形式分类。现有齿轮齿条式转向器、循环球式转向器和蜗杆曲柄指销式转向器等几种。齿轮齿条式转向器具有结构简单、紧凑、质量小、刚性大、转向灵敏、制造容易、成本低、正逆效率都高等特点；循环球式转向器具有正效率高、操纵轻便、使用寿命长、工作平稳可靠等优点，但逆效率很高，容易将路面的冲击力传到转向盘上；蜗杆曲柄指销式转向器的传动比可以做成不变的或者变化的，指销和蜗杆之间的工作面磨损后，调整间隙工作容易进行。

  单从转向操纵的灵敏性而言，最好是转向盘和转向节的运动能同步开始并同步终止。然而，这实际上是不可能的。因为在整个转向系统中，各传动件之间必然存在着装配间隙，而且这些间隙伴随着零件的磨损而增大。在开始转动转向盘时，驾驶者对转向盘所施加的力矩很小，因为只是用来克服转向系统内部的摩擦，使各传动件运动到其间的间隙完全消除，故可以认为这一阶段是转向盘空转阶段。此后，才需要对转向盘施加更大的转向力矩，以克服经车轮传到转向节上的转向阻力矩，从而实现各转向轮的有效偏转。

  转向盘在空转阶段的角行程称为转向盘自由行程。转向盘自由行程对于缓和路面冲击和避免驾驶者过度紧张是有利的，但不宜过大，以免影响灵敏性。一般来说，转向盘从汽车纵向对称面向任一方向的自由行程最好不超过10°～15°。当零件磨损到转向盘自由行程达到25°～30°时，必须进行调整或更换。

  转向盘在位置设计上有左舵和右舵之区别。英联邦国家以及一些岛国是右舵左行，而我国以及美国、德国等则是左舵右行。为什么会有这样的设计区别呢？左舵车左侧 A 柱离驾驶者近，右侧 A 柱离驾驶者远，过路口的时候，左侧视野比右侧视野差。右舵车也是这个道理。如果右舵车靠右行，过路口时，右边来车，驾驶者视野受限严重。同理，左舵车左行，如果遇到来车左转的话，那么发生交通事故的概率就会大大增加。

  各国由于自身历史不同，造就了"左派"和"右派"，紧跟着就是文明进步孕育出的各种交通工具开始出现，于是左舵车型和右舵车型为了满足不同国家的需求应运而生。左右舵车型，在外观以及悬架方面基本是一致的，其他内部构造亦都经过了重新的布置设计。不仅仅是转向机构、操纵机构重新设计，就连辅助的液压系统油路管路、电气线路，以及进排气机构等也都进行了重新布置。

  2）变速器操纵杆

  变速器操纵杆是"汽车变速器操纵杆"的简称，也是汽车变速器总成的一部分。通过驾驶者手的操纵，改变汽车变速器传动比，实现汽车行驶速度的改变。变速器操纵杆主要分为两类：手动挡变速器操纵杆和自动挡变速器操纵杆。各车型手动挡变速器的挡位数和位置不尽相同，但挡位排列的原理基本一致

（见图 3.8）：前进挡按由上至下、先左后右的顺序递增；倒挡在左上或右下角位置；横向中间为空挡。

自动挡汽车是将手动挡汽车中必须用手、脚直接操作的离合器、变速器加以自动化处理。因此自动挡汽车没有离合器踏板，有离合器踏板的被称为手动挡汽车。

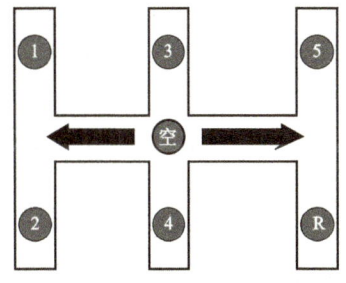

图 3.8 挡位数和位置布置

3）离合器踏板

离合器踏板是手动挡汽车离合器总成的操纵装置，是汽车与驾驶者"人机"交互部分。通过驾驶者的正确操纵，实现离合器前后部分（发动机与变速器）的接合与分离，能够间接完成起步、换挡、倒车和刹车功能。离合器由摩擦片、弹簧片、压盘以及动力输出轴组成，布置在发动机与变速器之间，以将发动机飞轮上储存的功率传递给变速器，保证车辆在不同的状况下正常行驶。它属于动力总成的范畴。在半联动的时候，离合器的动力输入端与动力输出端允许有转速差，也就是通过其转速差来实现传递适量的动力。

4）制动器踏板

制动器踏板，顾名思义就是提供制动力的踏板，即脚制动行车制动器的踏板。制动器踏板用于汽车减速、停车，它直接影响着汽车驾驶安全。其原理是在机器的高速轴上固定一个轮或盘，在机座上安装与之相适应的闸瓦、带或盘，当驾驶者脚外力作用在制动器踏板上时，能使制动器产生制动力矩。

5）油门踏板

车辆行驶过程中，驾驶者通过控制其踩踏量来控制发动机输出的功率。要知道，缘于汽油机与柴油机工作原理的差异，这两种内燃机搭载的汽车油门踏板控制的变量也不同。对于汽油机汽车，油门踏板控制的是节气门开度，即进气量，进而控制发动机转速。对于柴油机汽车，油门踏板控制的是喷油器的喷油量，进而控制发动机输出的转矩。

6）仪表及标识

仪表盘主要用于显示汽车的一些信息，如油、车速、发动机转速、车门状态、电瓶电量、里程、灯光等各种信息。

（1）灯光总开关及信号装置标志：。信号装置显示颜色为绿色。

（2）前照灯远光操纵件及信号装置标志：。信号装置显示颜色应为蓝色。标志的图形轮廓线内可涂实，线条数也可以是四条。

（3）前照灯近光操纵件及信号装置标志：。信号装置显示颜色应为绿色。标志的图形轮廓线内可涂实，线条数也可以是四条。当前照灯近光由灯光总开关控制时，其标志可只用灯光总开关标志。

（4）位置（侧）灯操纵件及信号装置标志：⊰◐◑⊱。信号装置显示颜色应为绿色。标志的图形轮廓线内可涂实，当位置（侧）灯由灯光总开关控制时，其标志可只用灯光总开关标志。

（5）前雾灯操纵件及信号装置标志：⫞◐。信号装置显示颜色应为绿色。标志的图形轮廓线内可涂实。

（6）后雾灯操纵件及信号装置标志：◐⪙。信号装置显示颜色应为黄色。标志的图形轮廓线内可涂实。

（7）前照灯水平手调机构操纵件标志：⇕◐。标志的图形轮廓线内可涂实，线条数也可以是五条。

（8）驻车灯操纵件及信号装置标志：P⪍。信号装置显示颜色应为绿色。

（9）转向指示灯操纵件及信号装置标志：⇦ ⇨。信号装置显示颜色应为闪烁绿色。如果转向指示灯信号装置向左、向右信号是分开的，其标志的两个箭头也可分开使用。标志的图形轮廓线内可涂实。

（10）危险报警灯操纵件及信号装置标志：△。信号装置显示颜色应为红色，标志的图形轮廓线之间可涂实。

（11）前风窗玻璃刮水器操纵件标志：▱。

（12）后风窗玻璃刮水器操纵件标志：▭。

（13）前风窗玻璃刮水器及洗涤器组合操纵件标志：▱。此操纵件的含义为洗涤器工作时，刮水器同步工作。

（14）前风窗玻璃除霜和除雾操纵件及信号装置标志：▱。信号装置显示颜色应为黄色。

（15）后风窗玻璃除霜和除雾操纵件及信号装置标志：▭。信号装置显示颜色应为黄色。

（16）风扇（暖风/冷气）操纵件标志：✹。暖风挡应用红色，冷气挡应用蓝色。标志可用图形轮廓线表示。

（17）阻风门（冷起动装置）操纵件及信号装置标志：◣。信号装置显示颜色应为黄色。

(18) 制动系统故障（制动防抱系统故障除外）信号装置标志：。信号装置显示颜色应为红色。

(19) 燃油液面高度指示器和警报信号装置标志：。信号装置显示颜色应为黄色。标志可用图形轮廓表示。

(20) 蓄电池充电指示器和警报信号装置标志：。信号装置显示颜色应为红色。

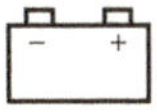

具体的车型指示灯或有改动，教师应当引导学生去分析判断图标的含义和作用。

第三节 驾 驶 姿 势

> 教师实际演示驾驶时正确、安全的驾驶姿势；讲授驾驶前的准备工作，驾驶时的注意事项和停车，制动时的动作要领。

正确的驾驶姿势，能降低驾驶者的疲劳强度，便于观望车前后和左右情况，便于观察仪表和运用各种操纵机构，有利于安全、持久、灵活地驾驶汽车。特别是初学者，必须选取好驾驶姿势，坚持养成正确的、良好的驾驶习惯，为以后驾驶技术的提高打下良好的基础。

一、上、下车的动作要领

上车时，应巡视后侧和左右侧有无不安全的隐患，步至左车门边，面向车门，以左手握门把打开车门后，将左手换入内侧门把手，右脚先踏上驾驶室底板，右手扶住转向盘右侧，同时右脚伸入仪表盘下，身体随之进入坐下，收回左脚，放于离合器踏板下方，左手顺势关好车门。

驾驶员下车时，应由后视镜看车后，有无从车左侧过来的车辆或行人，由车窗前后巡视，确认安全后，以左手打开车门锁，并将车门推至半开位置，左脚从侧方跨出驾驶室，右手扶住内侧门把手，将身体重心落在左脚上，起身退出驾驶室，然后左脚先踩到地面，收回右脚，右手顺势将车门关牢。

总结上、下车动作规范：

上车顺序：进入驾驶室前，应认真观察车辆周围和道路上的情况，确认安全后，按以下顺序进行操作：

（1）安全确认：确认车前车后无人无物。

（2）上车：对大型车，左手打开车门，左脚上踏板，右手握转向盘的左下方，右脚进舱坐下，抬左脚入座；对小型车，左手打开车门，双手扶转向盘，迈右脚进驾驶室，坐好。

（3）关门：先轻轻锁第一道开关，然后用力锁第二道开关。

（4）锁门：为安全起见请锁好车门。

下车顺序：

（1）安全确认：从内外后视镜观察车前后左右有无情况。

（2）开门：采用二次开门法。

（3）下车：迅速下车。

（4）关门：再次观察有无情况，然后先轻关后重推。

（5）锁门。

二、正确的驾驶姿势

驾驶者坐的姿势应该自然，不紧张，如图 3.9 所示。驾驶时，身体要正对转向盘坐稳，两手分别握持转向盘边缘左右两侧；头部端正，两眼平视前方，看远顾近，注意两旁；上半身稍向后仰，使重心落在臀部的后半部，便于两腿灵活操作，背的下半部应依稳靠背；座位的高低，以两眼平视时，转向盘上缘不应该遮挡驾驶员观察路况为准；坐位的远近，应以左脚操纵离合器踏板时，能自然地踏到底为最远位置；应保证上身与转向盘外缘间有 10 cm 左右距离，便于两手灵活操纵转向盘；左脚除操纵离合器外，应经常放在离合器踏板的左下方；右脚除操纵制动器踏板外，应经常轻放在加速踏板上。

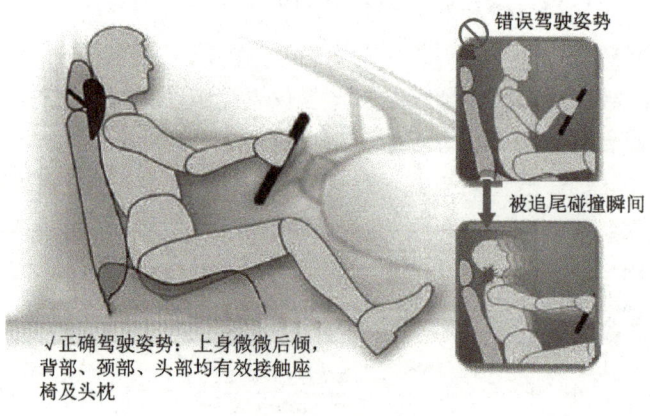

图 3.9　驾驶姿势

驾驶者应保持精力充沛、思想集中和操纵自如的姿势。如果驾驶者身体过于紧张，向前倾斜，则易疲劳，且不便灵活操作；如果身体仰靠在靠背上，过于自由松闲，会分散注意力，以致遇到突发危险时，不能迅速采取必要的处理措施。

驾驶姿势决定了驾驶者的胸部离转向盘中心的距离、驾驶者的鼻子离转向盘的距离、驾驶者头部离前风挡玻璃的距离等。汽车行驶过程中，可能会遇到各种碰撞性交通事故，驾驶者的姿势不当，会引起驾驶者与车内各种物体发生"二次碰撞"，导致驾驶者极易受到二次伤害。因此，通过调整姿势，不仅能够帮助驾驶者改善舒适程度，还能预防不必要的伤害。

正确驾驶的身体位置应当是：

（1）对正转向盘，上身正直且轻靠后背垫，胸部微挺，头部端正下颌微收，两眼向前平视同时要看远顾近注意旁边；两膝自然分开，左脚放在离合器踏板下方，右脚放在加速踏板上，使双腿能伸曲自如为宜，其脚跟应靠在驾驶室底板上。

（2）两手与转向盘的关系，握在转向盘左右两侧位置，且右手握转向盘时钟的 3 点至 4 点位置，左手握转向盘时钟的 9 点至 10 点位置，此时，两肘应保持舒适自然的微曲伸展，切忌完全伸直。

第四节　基本驾驶技术

> 教师实车指导学生进行驾驶的基本操作练习，不仅教会学生基本的驾驶技能，更要强化"安全第一"的驾驶理念，帮助学生养成良好、文明、安全的驾驶习惯。

主要操纵装置的操作，是驾驶技术的基础，必须了解其应用方法和要领，并不断在实践中运用、体会、刻苦锻炼，熟练掌握，只有这样，才能在综合运用这些操纵装置时逐渐做到"得心应手，运用自如"。

一、操纵装置、指示器及信号装置的识别

学习汽车驾驶，必须首先熟悉驾驶室内的仪表和操纵装置。这些仪表和操纵装置虽因车型而异，但其功能和使用方法却是基本相似的。

1. 驾驶操纵装置

驾驶操纵装置包括转向盘、离合器踏板、加速踏板、制动器踏板、变速器操纵杆和驻车制动操纵杆等。

1) 转向盘

转向盘一般位于驾驶室左侧（顺着汽车前进方向看去）。它是操纵汽车行驶方向的装置，也是"五大机件"（转向盘、变速器操纵杆、离合器踏板、加速踏板、制动器踏板）中使用频率最高的装置，对保证行车安全具有非常重要的作用。转向盘向左转动，车向左转弯；转向盘向右转动，车向右转弯。

2) 离合器踏板

离合器踏板是离合器的操纵装置，用来接通或切断发动机通过传动系统传给驱动轮的动力。踏下踏板，离合器分离，驱动轮上的动力被切断；松开踏板，离合器接合，发动机的动力通过传动系统传给驱动轮。离合器踏板布置在左侧。

3) 加速踏板

加速踏板又叫油门踏板，是控制汽油机节气门开度或柴油机喷油泵供油调节齿杆（或拉杆）位置的操纵装置。用它调节进入汽油机气缸的混合气量或喷入柴油机气缸内的燃油量，使发动机的转速升高或降低。踏下踏板，转速升高；松开踏板，转速降低。加速踏板布置在右侧。

4) 制动器踏板

制动器踏板是车轮制动器的操纵装置，用来控制汽车减速和停车。踏下踏板，起减速制动作用，并使制动灯亮，以警示尾随车辆；松开踏板，制动解除，制动灯熄灭。制动器踏板布置在中间。

5) 变速器操纵杆

变速器操纵杆是变速器的操纵装置，用于改变汽车传递的转矩和转速。它操纵变速器内各挡齿轮的接合或分离。挂入不同挡位，可以改变传动比，扩大驱动轮转矩和转速的变化范围，使汽车前进或后退。变速器操纵杆球头上刻着各挡的位置。

6) 驻车制动操纵杆

驻车制动操纵杆是驻车制动器的操纵装置，拉紧起制动作用，推下制动解除。

2. 辅助操纵装置

1) 喇叭开关

喇叭开关用以接通或断开喇叭电路，以提醒和警告行人及车辆注意避让。按下时电路接通，喇叭鸣响；松开时电路断开，喇叭不发声。喇叭开关一般位于转向盘上。

2) 点火开关

点火开关用来接通或断开点火电路和起动机电磁开关电路。它一般有以下几个工作位置：LOCK——点火开关断开，发动机熄火，拔出钥匙后可锁住转向盘；ACC——临时停车时，关闭点火系统电路；ON——发动机正常工作；START——发动机起动。

点火开关一般布置在转向盘管柱上或仪表板上。

3）转向开关

转向开关用来接通或断开转向灯电路，指示汽车行驶方向的变化。开关手柄在中间位置时，电路不通，向左或向下拨动开关手柄，左边车前、车后转向灯和仪表板上的转向指示灯闪亮，表示汽车将要驶离停车地点或向左转弯；向右或向上拨动开关手柄，右边车前、车后转向灯和仪表板上的转向指示灯闪亮，表示汽车将要靠右边停或向右转弯。转向开关一般布置在转向盘管柱上，打开转向灯，在转向盘向转向灯方向转动后持续闪烁。当转向盘转回中间位置时，会听到"咔"的一声，声音不大，证明回位了。变更车道如果打转向角度过小，就不会自动回位。

4）灯光开关

灯光开关用于控制全车灯光。它有三个工作位置：关闭灯光位置；一挡为示宽灯、后行车灯、牌照灯、仪表灯等亮；二挡为前照灯、后行车灯和牌照灯亮，同时示宽灯熄灭。

5）雨刮器开关

雨刮器开关用于控制雨刮器的工作。雨刮器用来清除挡风玻璃上的雪、雨或污染物，便于看清楚前方情况；此外还有自动雨刮，汽车自动雨刮就是感应雨刷，其基本原理是通过感应器控制汽车雨刮器。

3. 汽车工作状况监控装置

工作状况监控装置用来监控发动机的工作状况，使驾驶者能随时正确掌握汽车各系统的工作状态，保证行车安全，提高汽车运行的可靠性。它包括各种指示仪表或指示灯、报警器等。

1）机油压力表或指示灯

它用以指示发动机润滑系统主油道机油压力。发动机起动时，机油压力指示灯亮起，过若干秒后该灯熄灭，表示发动机润滑系统工作正常；若该灯始终亮着，表示发动机润滑系统有故障。发动机正常工作时，其机油压力应不低于0.25 MPa。

2）燃油量表

它用以指示汽油箱内的存油量。表面上的刻度有 0、1/2、1，分别表示油箱只有少量燃油、大约一半燃油、满箱燃油。

3）水温表

它用以指示发动机工作时冷却水的温度。发动机正常工作时，水温为80～

90 ℃。

4）电流表

它用以指示蓄电池的充电或放电强度，单位为 A。指针指向"+"，表示发动机工作正常，并向蓄电池充电；指向"−"，表示放电。

5）车速里程表

它是一只复合仪表。车速表指示车辆行驶的速度，单位是 km/h；表的下面是里程表，用来累计汽车总行驶里程，单位是 km。

6）发动机转速表

发动机转速表用于指示发动机每分钟的工作转速（r/min），表示的读数一般为发动机实际转速的 1/100。

7）转向指示灯

它指示转向灯的正常工作与否。汽车向左转弯时，左转向灯闪亮的同时，转向指示灯也应闪亮。

8）远光指示灯

接通远光灯或使用大灯闪烁器时该灯发亮。

9）充电警告灯

它指示充电系统是否正常工作。此灯亮起时，表示充电系统发生故障。

10）制动警告灯

驻车制动器制动或者制动液面太低时，该灯亮起，驻车制动解除后，该灯熄灭；若驻车制动解除后，该灯仍然发亮，表示制动液罐内液面太低，应及时补充。

第四章　汽车起动与停止

> 本章的主要内容是学习从发动汽车起，到保持汽车直线行驶，最后稳定停车的一系列简单操作。
> 本章旨在通过驾驶实践让学生初步认识汽车行驶的要点，通过驾驶感受了解离合器、制动器等机构的基本原理及重要功用；通过实际的上手操作，让学生更为感性地了解汽车构造等理论课讲授的理论知识，加深印象，也为日后的理论课学习打下基础。

第一节　相关操纵装置的基本认识

> 本节要求学生在教师的讲解下，了解相关机构的基本操作及结构原理。学生可在静态汽车上尝试操作，以达到熟练掌握的目的。

一、离合器踏板的操作要领

离合器踏板是离合器的操纵装置。操纵离合器踏板时，应握稳转向盘，踏下或放松离合器踏板，靠膝和脚关节的伸屈动作，用左脚掌踏下或放松。分离时，应迅速踏到底。接合时，要注意掌握"稍快—稍停—缓慢"的要领，即离合器接合的第一行程，可稍快松起，至离合器开始接合时的第二行程应先停顿一下，当车辆抖动时，再慢慢松起。待离合器完全接合后，应将脚离开离合器踏板，并将脚放置在踏板的左下方。逐级换挡时，放松离合器踏板的动可稍快些。

汽车在正常行驶过程中，除进行换挡动作外，不得将脚放到离合器踏板上，不得使离合器处于半接合半分离状态。

二、加速踏板的操作要领

操作加速踏板时，右脚脚跟接触地板，脚掌接触加速踏板，运用脚踝的转动来压下或抬起加速踏板。驾驶时需要加速时踩下踏板，减速时松开踏板，一般情况下，发动机断开动力时，即空挡或踩下离合器踏板时不要踩下加速踏板，避免无谓的发动机高转速运转。如果在驾驶时遇到某些颠簸路段，浮动的右脚容易受到汽车上下颠簸导致踩油门的突然变化，这时候可以采用右脚向右侧移动，使右脚的右侧面靠住车内的"墙壁"来辅助稳定的办法来控制油门。

三、制动器踏板的操作要领

制动器踏板是车轮制动器的操纵装置，用来控制汽车减速和停车。操纵制动器踏板时，两手稳握转向盘，右脚前脚掌部位踏在制动器踏板上，以膝关节的伸屈、大腿带动小腿的动作踏下或松起制动器踏板。为有效使用制动器，在脚踏上踏板的同时，应将踏板轻轻下压，消除其自由行程。根据需要，可分别采取立即完全踏下、先轻踏下再逐渐下踏或踏下后迅速放开并随即重新踩下等方式，以达到减速或停车的目的。松起踏板时，动作应迅速敏捷，并将右脚及时放回加速踏板位置。

注意，操纵制动器踏板绝对不允许用左脚。

四、驻车制动操纵杆的操作要领

驻车制动器用于保持汽车停车后的稳定状态。驻车制动操纵杆用右手操纵。驻车制动操纵杆的操纵方式一般有两种。一种是四指并拢，大拇指虚按在杆端的按钮上，向后拉起即起制动作用；放松时，先将变速器操纵杆稍稍向后拉动，然后用拇指按下杆端的按钮，再将变速器操纵杆向前推送到底，即解除制动作用。另一种是中指与食指分开，手心向下，握稳制动变速器操纵杆手柄，向后拉紧即起制动作用；放松时，应握稳手柄逆时针或顺时针转动一定角度，再将杆向前推下，即解除制动作用。

驻车制动器除在停车后防止汽车滑溜和配合紧急制动时应用外，有时在需要配合降低车速或脚制动失灵时使用，此时应根据情况采取逐渐拉紧或边拉边松等方法，以达到平稳减速或停车的目的。汽车在坡道上起步时，有时也用驻车制动器辅助起步。

第二节　汽车的平地起动

> ➢ 本节旨在通过教师的演示和讲解，使学生熟悉起动汽车的一系列步骤。
> ➢ 通过实践演练掌握发动机的起动、离合器踏板使用的时机等驾驶技巧；加深对离合器结构的理解，认识离合器的重要功用。

一、起动前的检查

（1）检查发动机油底壳内的机油和冷却系统内的冷却水是否充足。发动机正常工作时，油底壳内的机油油面应在机油尺的油面限制线（上下刻线）之间。检查时，应先把发动机罩掀开，拔出机油尺，看一看尺上机油油面位置。

（2）检查燃油箱内的存油量。

（3）检查蓄电池内电解液液面的高度及蓄电情况。电解液液面应高出极板 10～15 mm，不足时应添加蒸馏水或补充液，不可添加浓硫酸或自来水。

（4）检查各仪表、各警报信号是否工作正常。

（5）检查所有灯光是否完好。

（6）检查所有轮胎（包括备胎）气压是否充足。

（7）检查离合器、变速器、制动器、转向盘工作是否灵活和可靠。

（8）检查转向直拉杆、横拉杆等部件的连接是否有松动现象。

（9）检查随车工具（主要是轮胎扳手、千斤顶、手摇把及一些必要的扳手、钳子、螺丝刀等）是否带全。

（10）检查行车证件（行车证和驾驶证的正、副本，汽车检查有关证件）及有关交费收据（主要是养路费、保险费）是否齐全。

二、发动机的起动

（1）作为安全措施，首先应拉紧驻车制动。

（2）为便于发动机顺利运转，将离合器踏板踩到底。

（3）将变速器操纵杆放在空挡位置。

（4）将加速踏板稍向下踩至 1/3 左右，电喷车起动无须踩加速踏板。

（5）将发动机开关向右转至 START（开始）位置，听到发动机的起动声音后即可放手。每次起动时间应不超过 5 s，再次起动的间隔时间应不少于 15 s。发动机开关示意图如图 4.1 所示。

（6）轻轻调节油门直到发动机运转流畅为止。

（7）待发动机运转平稳后，匀速松开离合器踏板，保持怠速运转，严禁猛踏加速踏板。

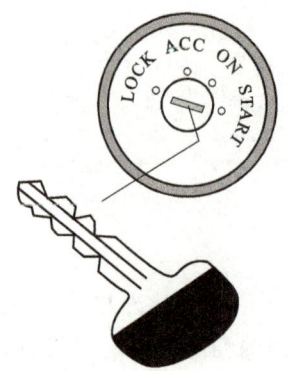

图 4.1　发动机开关示意图

LOCK—插拔钥匙的位置（钥匙拔掉后汽车被锁止）；ACC—发动机停止位置（收音机等可用）；ON—发动机运转位置；START—发动机起动位置

★　离合器自由行程

图 4.2 所示为离合器示意图。在踩下离合器踏板的过程中，是否感觉到了开始一段较为轻松且汽车无明显变化？这就是离合器的自由行程。我们在操纵离合器的过程中，这段行程可以稍微快速一些进行，因为当间隙变化至零后才开始进入接合阶段。那为什么会存在离合器自由行程呢？

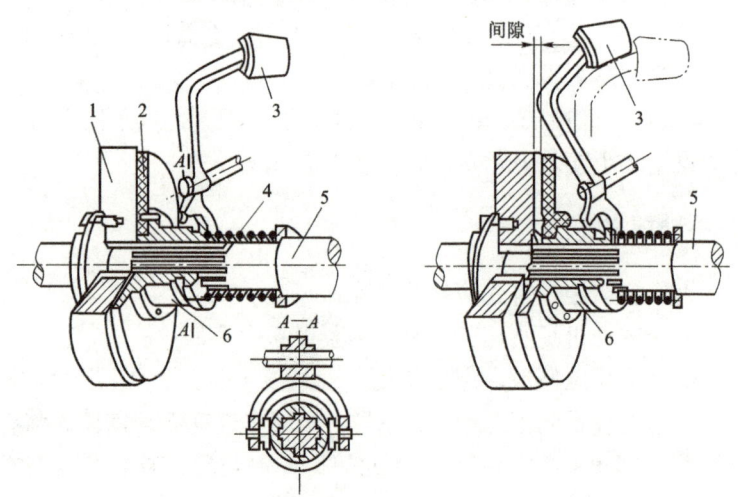

图 4.2　离合器示意图

1—飞轮；2—从动盘；3—踏板；4—压紧弹簧；5—从动轴；6—从动盘毂

离合器从动盘摩擦片经使用磨损变薄后，在压紧弹簧的作用下，压盘和从动盘将前移，而分离杠杆内端将相应后移，这样离合器才能完全接合。如果在磨损前分离杠杆内端与分离轴承之间没有预留一定间隙，则在摩擦片磨损后，离合器将因分离杠杆内端不能后移而难以完全接合，从而在传动时出现打滑现象。这不仅降低了所能传递的转矩，而且使摩擦片和分离轴承磨损加剧。因此，当离合器处于正常接合状态时，分离套筒被回位弹簧拉到后极限位置时，在分离轴承和分离杠杆内端之间会留有 3~4 mm 间隙，以保证摩擦片在正常磨损过程中，离合器仍能完全接合。

由于上述间隙的存在，驾驶者在踩下离合器踏板后，先要消除这一间隙，然后才能开始分离离合器。为消除这一间隙所需的离合器踏板行程，称为离合器踏板自由行程，此行程为 30~40 mm。在使用中应经常检查此行程，如不符合标准，必须进行调整以恢复其标准值。

三、汽车起步

1. 基本操作

汽车起步时，需要较大的起步转矩，因此，应该用低速挡起步。正确的起步要求车辆平稳、无冲击、无抖动、不熄火。

起步的操作顺序是：

（1）踏下离合器踏板。

（2）将变速器操纵杆挂入低速挡。

（3）观察汽车前方及驾驶室左右窗外情况，通过后视镜查看车前后有无行人和来车。

（4）鸣喇叭示警，打开左转向灯，准备起步。

（5）确认可以起步时，放松驻车制动器，两手握稳转向盘，驾驶者两眼平视前方。

（6）松开离合器踏板，到发动机声音变得低沉或感觉到离合器刚刚接合车辆抖动时，稍停一下离合器踏板，同时适当地踏下加速踏板，然后缓慢地松开离合器踏板，使汽车平稳起步。

汽车起步操作示意图如图 4.3 所示。

★ 离合器的重要功用

离合器在汽车起步中起到了怎样的作用呢？试想一下，假如不存在离合器，即发动机与汽车传动系统刚性连接，那么当变速器刚挂上挡时，汽车将在完全静止的状态下突然向前冲一下，但并不能起动。这是因为汽车从静止到前冲将产生很大的惯性力，从而对发动机产生很大的阻力矩，在阻力矩的作用下，

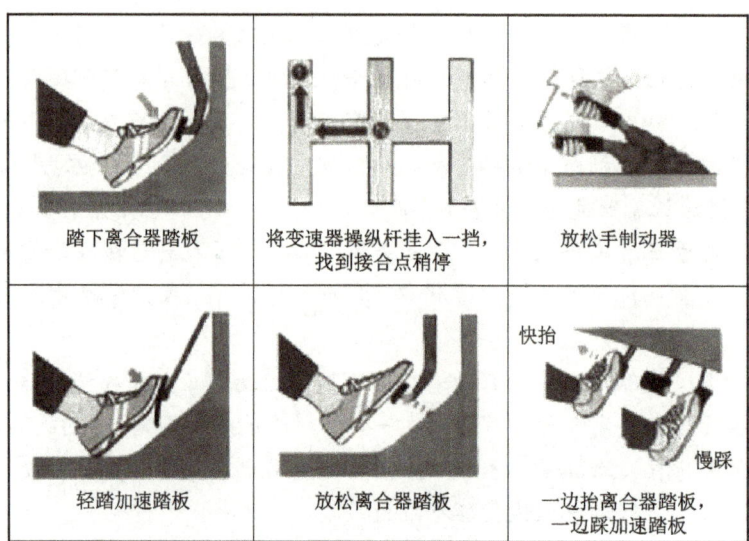

图 4.3　汽车起步操作示意图

发动机的转速在瞬间下降到最低稳定转速（一般为 300～500 r/min）以下，而导致发动机熄火，汽车自然也无法起步。但如果安装了离合器，在离合器逐渐接合的过程中，发动机所受的阻力矩是逐渐增加的。此时，再逐渐踩下加速踏板，即逐步增加发动机的燃油供给量，使发动机的转速始终保持在最低稳定转速以上，不致熄火。当驱动力足以克服起步阻力时，汽车即从静止状态开始运动并逐步加速。由此可见，保证汽车平稳起步是离合器的首要功用。

因此，踩下加速踏板是为了保证发动机转速，使其不易熄火。然而，加速踏板踩下过多又会出现怎样的状况呢？如果加速踏板踩下过多，发动机达到 3 000 r/min 以上，这时离合器踏板快速抬起来，车轮可能会在地面上打滑。因为当发动机转速超过 3 000 r/min 时，飞轮具有很大惯性，迅速接合离合器使扭矩超出了离合器所能传递的最大扭矩，故离合器打滑，从而保护了传动系统。

现在讨论一下起步时车轮打滑和离合器之间的关系。当发动机输出扭矩很大时，可能导致车轮驱动力大于地面附着力，造成的结果就是出现车轮打滑现象，这在附着系数低的路面上时有发生。

轮胎的最大静摩擦力大于滑动摩擦力，在冰雪路面上，最大静摩擦力更是远大于滑动摩擦力。这时有经验的司机会慢抬离合器踏板，使离合器所传递的扭矩正好大于行驶阻力，这样车就能够向前行驶了。如果在起步之前驾驶者习惯性地踩加速踏板，这时从动盘的摩擦次数远大于怠速状态，会使离合器的磨损加剧，这并不是恰当的做法。

综上所述，离合器有这样几个基本功用：保证汽车平稳起步以及防止传动系统过载。而离合器也正是这样一个传动机构，其主动部分和从动部分可以暂时分离，又可以逐渐接合，并且在传动过程中还要有可能相对转动。所以，离合器的主动件与从动件之间不可采用刚性连接，而是借二者接触面之间的摩擦作用来传递转矩（摩擦离合器），或是利用液体作为传动的介质（液力偶合器），或是利用磁力传动（电磁离合器）。

在摩擦离合器中，为产生摩擦所需的压紧力，可以是弹簧力、液压作用力或电磁吸力。但目前汽车上采用比较广泛的是用弹簧压紧的摩擦离合器。而在用弹簧压紧的摩擦离合器中，又以膜片弹簧的应用最为常见。

第三节 直线行驶

> 本节要求学生掌握汽车直线行驶的技巧，在教师的指导下，实现对方向、车速、跟车距离的把握。

汽车以稳定的速度直线行驶是汽车驾驶中最基本也是最重要的操作之一。然而，如何保持直线行驶是一大难点。除去长期驾驶产生的"车感"外，作为新手的学生应如何保持直线行驶呢？不妨采用以下诸项技巧：

（1）汽车直线行驶的目标选择技巧。将汽车开到公路右边，坐入驾驶室，身体对正转向盘，以自己的目光沿引擎盖中点略左侧处斜视下去，目光所能看到的公路最近点 B，就是右前轮直线行驶的运动轨迹。将驾驶者的目光、发动机罩（车前罩）中点略左侧处、公路端点 B 三者连成一线，以此来估计直线行驶时的车辆位置，称为"三点法"——直线行驶目标技巧。由于各驾驶者的身高不同，各人的目光所看到的公路最近点 B 也会略有不同。

（2）汽车直线行驶方向的注视。要根据行驶车速，及时调整行驶前方注视距离，车速升高，注视距离就应延长。当车速在 40~50 km/h 行驶时，学员必须看到前方 120~150 m 内的道路情况，以便发现安全视野内的行人和车辆时能立即采取措施。

（3）操作转向盘要一手拉动一手推送，用两手操纵转向盘要平稳、自然，双手保持与肩同宽，用力不要太大。修正方向时，要早打、少打、有打有回，做到一手拉动一手推送，双手合力操作，保持车辆直线行进。

第四节　制动减速与停车

> ➤ 本节要求学生在教师的演示及讲解下了解制动器的基本构造与原理。
> ➤ 熟练掌握预见性停车的基本操作和紧急停车的正确时机，实现平稳停车与及时停车。

汽车是一种可调整的运输工具。由于行驶中地形不断变化以及道路和交通状况的限制，驾驶者必须根据实际情况，通过控制加速踏板和制动器来调节行驶速度，使汽车减速或停车。由于汽车高速行驶具有惯性，因此并不总能一踏下制动器踏板就马上停住。从踏下制动器踏板到汽车停住，所驶过的距离称为制动距离，它与汽车的行驶速度、汽车的总质量和道路的附着系数等因素有关。

汽车行驶中的制动可分为预见性制动和紧急制动。

一、预见性制动

汽车行驶中，驾驶者对已发现的行人、车辆、地形、道路和交通情况的变化，预计到可能出现的复杂情况，难以通过或有一定危险的障碍，将要到达预定的停车地点，提前做好思想和操作上的准备，有目的地进行减速或停车，称为预见性制动。预见性制动不但能保证行车平稳、安全，同时还能避免轮胎的过度磨损及机件的损伤，节约燃料。

预见性制动操作：目测距离，在适当的时刻松开加速踏板，利用发动机怠速的牵阻作用使汽车逐渐减速。如果需要进一步减速，视情况而轻踏制动器踏板（缓刹车）或点动制动器踏板（点刹车），使汽车进一步逐渐减速，当车速降到很低时，踏下离合器踏板，同时踏下制动器踏板，使汽车平稳停住，并拉紧驻车制动操纵杆，将变速器操纵杆拨入空挡，最后两脚松开。

★ 常见制动器的类别

下车观察，不难发现，对于实践用车来说，前轮安装的制动器与后轮安装的制动器明显不同。常见的汽车制动器几乎都是利用固定元件与旋转元件工作表面的摩擦作用产生制动力矩的制动器，都称为摩擦制动器。目前，各类汽车所用的摩擦制动器可分为鼓式和盘式两大类。前者摩擦副中的旋转元件为制动鼓，其工作表面为圆柱面；后者的旋转元件则为圆盘状的制动盘，以盘端面为工作表面。

那为什么汽车的前后轮要采用不同的制动器呢？从图 4.4 中我们可以看出，盘式制动器整体结构简单，但是夹钳部分结构工艺复杂，成本高。制动器一般是安装在轮毂内的，由于轮毂内的空间限制了制动器的直径，故而如何在有限的空间内产生较大的制动力矩直接影响到制动的效果。从两种制动器的结构来看，在制动器整体外形直径相同的情况下，假设两种制动器产生的制动力相同，鼓式制动器的有效制动直径更大，故由 $T=FR$ 可知，鼓式制动器所产生的制动力矩大于盘式制动器的制动力矩，因此可以得出，在制动力相同且制动器整体外形尺寸相同的条件下，鼓式制动器的制动效果优于盘式制动器。现在两种制动器都采用金属摩擦来产生制动力，但是由于金属摩擦存在热衰现象，高温会使金属的摩擦系数急剧下降，鼓式制动器的封闭设计不利于热量散失，所以鼓式制动器易出现制动器高温，进而失效的情况。而盘式制动器的开放设计使得其散热性能良好，有些盘式制动器的制动盘上还开有通风口，有些采用中空通风道设计，从而使得盘式制动器的散热性能更加出色。

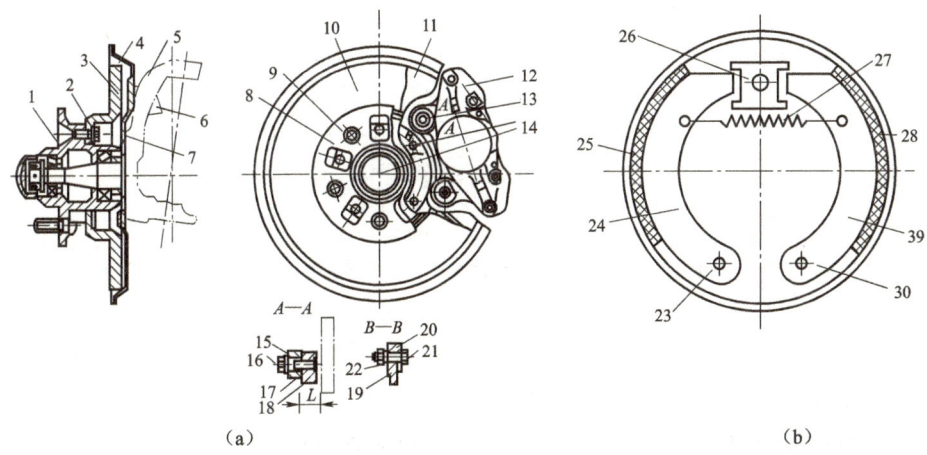

图 4.4 两种制动器示意图

（a）盘式制动器示意图；（b）鼓式制动器示意图

1, 8—前轮毂；2, 9—螺钉；3, 10—制动盘；4, 11, 22—制动器护罩；5, 18, 19—转向节；
6—油管支架；7, 20—护罩加强盘；12, 15—制动钳；13, 16, 21—螺栓；14—前轴；
17—调整垫片；23, 30—销轴；24, 29—制动器；25—摩擦片；26—油缸；27—弹簧；28—制动轮

通过上面的论述可以看出，鼓式制动器虽然能产生较大的制动力，但无法很好地解决散热问题，因此鼓式制动器在长时间大强度使用时，无法保证制动的可靠性。而盘式制动器由于其开放式的结构能够很好地解决散热问题，故而盘式制动器更加可靠。但是由于盘式制动器的夹钳制造要求高，工艺过程复杂，因此盘式制动器的成本较鼓式制动器高。两种制动器各有其相应的优缺点，应

当按照使用环境合理选择。

对于时下我们开的大部分轿车（前驱汽车），采用的是前盘式后鼓式混合制动器（即前轮采用盘式制动器，后轮采用鼓式制动器），这主要是出于成本上的考虑，同时也是因为汽车在紧急制动时，轴荷前移，对前轮制动力的要求比较大，一般来说前轮用盘式制动器就足够了。

二、紧急制动

汽车行驶中，遇到突然、紧急的危险情况时，驾驶者采取正确、迅速的制动措施，在最短距离内尽快将汽车停住，达到避免事故的制动操作，称为紧急制动。

紧急制动的特点：制动前，驾驶者没有任何思想准备和操作准备，它是在情况突然发生时的一种应激措施，强制地使汽车以最快的减速度停住。因此，紧急制动时易发生机件损伤或乘员碰伤事故，尤其对轮胎的磨损更为严重。

试验证明，当汽车以 40 km/h 的初速度紧急制动时，轮胎的磨损相当于汽车正常行驶 240 km 的磨损程度。故紧急制动只有在不得已的情况下才使用。

紧急制动的操作方法：握稳转向盘，迅速松开加速踏板，并立即踏下制动器踏板，视需要同时拉紧驻车制动操纵杆，以发挥最大的制动效能，强迫汽车急速停住。

★ 制动距离

制动距离是衡量一款车的制动性能的关键性参数之一，是人们在车辆处于某一时速的情况下，从驾驶者开始操纵制动控制装置到汽车完全静止时车辆所行驶的路程，包括反应距离和制动距离两个部分。制动距离与制动器踏板力、路面附着条件、车辆载荷、发动机是否接合等许多因素有关。制动距离越小，汽车的制动性能就越好。由于它比较直观，因此成为广泛采用的评价制动效能的指标。正确掌握汽车制动距离对保障行车安全起着十分重要的作用。

从制动的全过程来看，制动距离包括驾驶者见到信号后做出行动反应、制动器起作用、持续制动和放松制动器四个过程。一般所指制动距离是开始踩制动器踏板到完全停车的距离。

汽车行驶中，当驾驶者发现紧急情况直至踩下制动器踏板发生制动作用之前的这段时间称为反应时间，反应时间内车辆行驶的距离称为反应距离。此距离的长短取决于行驶速度和反应时间，行驶速度越高或反应时间越长，反应距离就越长。反应时间又与驾驶者的灵敏程度、技术熟练状况等有直接关系。

制动距离是指驾驶者踩下制动器踏板产生作用至汽车完全停止时，轮胎在路面上出现明显的拖印的距离。制动距离的长短与行驶速度、制动力、附着系数有关。行驶速度越高，制动距离越长，行驶速度与制动距离的平方成正比。制动力是指驾驶者踩下制动器踏板后，促使车轮停止转动的力。制动力的大小除与踩下制动器踏板的行程有关外，还取决于车轮与地面的附着系数。道路越光滑（如结冰路面），附着系数越小，制动距离越长。

由此可见，熟练的驾驶技术及良好的路面情况对行车安全有着至关重要的作用。与此同时，超载也是行车安全的大敌。过大的质量会使汽车产生过大的惯量，从而使汽车的减速能力被极大地削弱，制动距离被延长，安全性下降。遵守交通规则，才能保证交通安全。

第五节　坡道起步与停车

> 本节的主要目的是通过教师演示坡道起步与停车，使学生了解其与平道驾驶的区别，从而对汽车的基本构造与原理产生更为深刻的理解。

一、上坡起步

从汽车坡道起步操作失败的现象来看，主要有两种情况，一是起步熄火，二是起步后溜。原因主要有三个方面：一是油门跟不上；二是松开手制动的时机不当；三是油门和离合器配合不好。

对于有驻车制动的起步，应保持正确的驾驶姿势，注意前方道路的各种交通情况，不得低下头看。其操作顺序是左脚踏下离合器踏板，变速器挂入低速挡，右脚徐徐踏下加速踏板，当发动机声音有变化或车身稍有抖动时，迅速松开驻车制动器，并再稍踏下加速踏板，慢抬离合器踏板。注意，此时不能立即放松离合器踏板，而要先踩加速踏板后松离合器踏板。因为上坡时汽车阻力大，起步所需动力也要大一些。关键点是松开手制动的时机，若松得过早，会使车辆后溜；若松得过迟，会造成熄火。最佳时机是当离合器踏板抬至半联动位置，发动机声音有变化时，立即松开。坡道起步要领可归纳为"音变车抖稍一停，紧跟油门松制动，油门大小看坡度，不溜不冲不熄火"。

若无驻车制动或驻车制动有故障，应采取无驻车制动起步方法。操作程序是：左脚踩下离合器踏板，右手将变速器操纵杆挂入低速挡；右脚脚跟踏下制动器踏板，右脚前掌放在加速踏板上。起步时，右脚前掌踏下加速踏板，右脚脚跟慢慢放开制动器踏板，左脚慢抬离合器踏板。起步后，应完全松开离合器踏板。关键点是右脚前掌与脚跟的随动配合。

二、下坡起步

下坡起步较上坡起步简单，且没有起步熄火的问题出现，然而应注意下坡起步速度过快的问题。首先左脚踩住离合器踏板，右脚踩住制动器踏板，变速器挂入低速挡，然后松开手刹。缓慢放开制动器踏板，待汽车缓缓前行时就放开离合器踏板，汽车会拖着挡位往前行驶。如果坡度小，速度不快，可以转为三挡行驶；如果坡度大，速度过快，可以轻踩制动器踏板帮助减速。下坡时一般不要用高速挡起步，以免配合不当，损坏机件。

三、坡道停车

上坡停车时，应先选好停车地点，并逐渐将车靠行驶道路右侧，待接近预定地点时，可先踏下离合器踏板，当车将要停住时再踏下制动器踏板将车停稳。

下坡停车时，也应先选好停车地点，并逐渐加强制动，平稳减速，同时将车逐渐靠向道路右侧。待接近预定地点，车速已降得很低时，再进一步踏下制动器踏板，同时踏下离合器踏板，将车停稳。

坡道停车熄火后，必须按停车要求，上坡挂一挡，下坡挂倒挡，并将驻车制动操纵杆（手刹）拉紧。如果是重车或需检修车辆时，应在车的前后轮下方垫上三脚木或较大的石块，以确保安全。

练　习

1. 踩压和松开离合器踏板练习

操作次序：左脚放在离合器踏板上，迅速将踏板踩到底，然后匀顺松开踏板回复到原始位置，当踏板回复到工作行程的后一半位置时，需注意缓慢地将其松开。练习时需做到踩踏板时一下，松开时要分成四下进行。

2. 踩压和松开加速踏板练习

操作次序：踩踏板时要缓慢而匀顺，但不能踩到底，然后匀顺地松开踏板回复到原始位置。练习时需做到踩压时分成四下，松开时分成两下。

3. 离合器踏板和加速踏板的协调动作练习

操作次序：左脚放在离合器踏板上，右脚放在加速踏板上，将离合器踏板踩到底，然后逐渐踩压加速踏板，同时匀顺地松开离合器踏板，使之回复到原始位置，此后，再松开加速踏板，同时把离合器踏板踩到底。最后，这一操作以匀顺松开离合器踏板，使其回复到原始位置作为结束。

4. 踩压和松开制动器踏板练习

操作次序：右脚放在制动器踏板上，匀顺地踩压踏板，但不要踩到底，然后迅速松开，回复到原始位置。练习时需做到踩踏板时分成四下，松踏板时为一下。

5. 离合器踏板、加速踏板和制动器踏板的协调动作练习

操作次序：左脚放在离合器踏板上，右脚放在加速踏板上，起初先平顺地踩压离合器踏板，然后，一面踩压加速踏板，一面同时松开离合器踏板，使之回复到原始位置。此后，匀顺地松开加速踏板同时踩下离合器踏板，将右脚移到制动器踏板上，并平顺地踩压下去。结束本操作时，先松开制动器踏板回复到原始位置，然后松开离合器踏板。

6. 手制动杆练习

操作时，驾驶者把制动杆往后稍拉，用拇指按下杆头按钮，使卡钩松开，再把制动杆向前推到底。

第五章 汽车转向

> 本章重点是，在了解汽车直线行驶的基本操作后，学习如何进行转向操作。
> 在正确操纵汽车转向机构的基础上，学会汽车左/右转向、掉头、变道等驾驶技巧。
> 学生通过实践操作，认识转向机构的基本构造，并加深对转向盘自由间隙、转向助力系统等装置的理解，以及对不足转向等概念产生基本的感性认识。

第一节　相关装置的基本认识

> 本节要求学生认识转向盘及其对应的转向机构，并在教师的演示下了解操纵转向盘的正确方法。
> 教师可在实际操作后讲解助力转向系统、转向加力装置等结构及转向盘间隙的原理。

一、转向盘的基本认识

转向盘一般位于驾驶室左侧（顺着汽车前进方向看去），它是操纵汽车行驶方向的装置。图 5.1 所示为机械转向系统示意图。当汽车转向时，驾驶者对转向盘施加一个转向力矩，转向力矩通过转向轴、转向万向节和转向传动轴输入转向器。经转向器放大的力矩和减速后的运动，经由转向摇臂及转向直拉杆，传给固定于左转向节上的转向节臂，使左转向节与左转向轮偏转，再通过转向梯形使右转向节和右转向轮随之偏转。

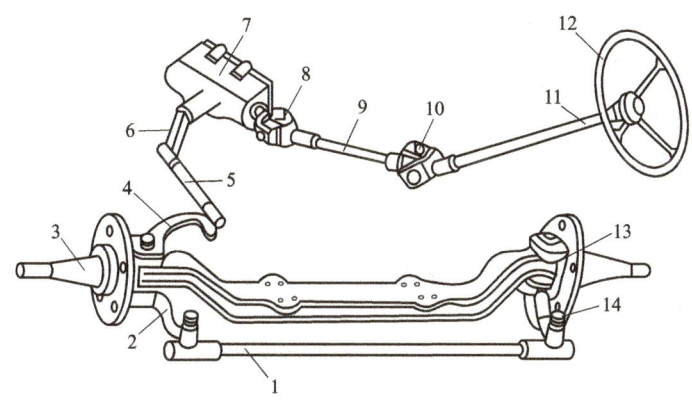

图 5.1 机械转向系统示意图

1—转向横拉杆；2,14—梯形臂；3—左转向节；4—转向节臂；5—转向直拉杆；6—转向摇臂；7—转向器；8,10—转向万向节；9—转向传动轴；11—转向轴；12—转向盘；13—右转向节

★ 转向加力装置与电动助力转向系统

若在汽车未起动的情况下尝试转动一下转向盘，就会发现转动过程中受到很大的阻力。然而，在正常行驶过程中，转向盘的转动是很轻便的。那其中原理何在呢？这就必须提到转向加力装置及电动助力转向系统。

1. 转向加力装置

转向加力装置是由机械转向器、转向动力缸和转向控制阀三个部分组成的。按传能介质的不同，转向加力装置常分为气压式和液压式两种。

由于气压系统工作压力较低，为产生足够的助力需要较为庞大的部件尺寸；而液压转向加力装置的工作压力可高达 10 MPa，故其部件尺寸可以很小。同时液压系统工作时无噪声，工作滞后时间短，能吸收来自不平路面的冲击，因此，液压转向加力装置已在各类汽车上得到广泛应用。

转向加力装置是将发动机输出的部分机械能转化为加力装置的压力能，并在驾驶者的控制下对转向系统中某一传动件施加不同方向的气压或液压作用力，以对一系列驾驶者施力不足的零部件施加助力。

2. 电动助力转向系统

近年来，电动助力转向系统获得了广泛应用。

电动助力转向系统（Electric Power Steering，缩写 EPS）是一种直接依靠电动机提供辅助扭矩的动力转向系统。电动助力转向系统主要由扭矩传感器、车速传感器、电动机、减速机构和电子控制单元等组成，如图 5.2 所示。

电动助力转向系统是在传统机械转向系统的基础上发展起来的。它利用电动机的动力来帮助驾驶者进行转向操作。系统主要由三大部分构成：信号传感装置（包括扭矩传感器、转角传感器和车速传感器）、转向助力机构（包括电

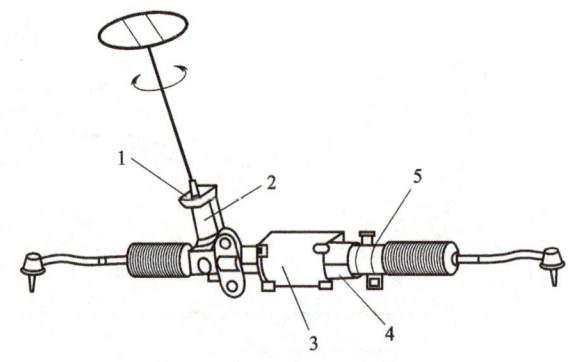

图 5.2 电动助力转向系统

1—输入轴；2—扭矩传感器；3—电动机；4—循环球螺杆；5—齿条

动机、离合器、减速传动机构）和电子控制装置。电动机仅在需要助力时工作。驾驶者在操纵转向盘时，扭矩、转角传感器根据输入扭矩和转向角的大小产生相应的电压信号，车速传感器检测到车速信号，电子控制单元根据电压和车速信号给出指令控制电动机运转，从而产生所需要的转向助力。

相比传统液压动力转向系统，电动助力转向系统具有以下优点：

（1）只在转向时电动机才提供助力，可以明显降低燃油消耗量。

（2）结构紧凑，质量小，易于装配，易于维护保养。

（3）转向助力大小可以通过软件调整，能够兼顾低速时的转向轻便性和高速时的操纵稳定性，回正性能亦好。

（4）通过程序的设置，电动助力转向系统容易与不同车型匹配，从而可以缩短生产和开发周期。

二、转向盘的操作

两手握转向盘时，拇指不可与其他四指合拢握死，左手位置相当于时钟 9 点，右手位置相当于时钟 3 点，如图 5.3 所示。这样握法，右手距其他操纵装置最近，便于操作。另外，当右手操纵其他装置时，也便于左手有效地掌握转向盘。

转动转向盘时，应以左手为主，右手为辅，两手动作应相互配合，适当用力，推动或拉动。

不论汽车前进还是倒退时，向左转动转向盘，汽车便向左转弯；向右转动转向盘，汽车便向右转弯。

在平直路面上行驶时，两手应轻握转向盘。用左手慢慢调整转向盘，慢转慢回，少转少回，使汽车直行或小转弯，这时右手应停在一定的位置，并将手放松轻握，让盘缘从手中滑动。

第五章　汽车转向　　47

图 5.3　两手握持转向盘的位置

　　如向左转弯或使汽车靠左行驶（如超车），应用左手向下拉动转向盘，右手停在一定位置放松轻握，让盘缘从手中滑动。当汽车进入新的路线需要回正转向盘时，仍以左手为主向上推转向盘回转，使汽车在新的路线上直行。当向右转弯或使汽车行驶时，应以左手向上向右打转向盘，右手同前，进入新路线仍以左手向左向下拉动转向盘回转。在凸凹不平路面上行驶时，两手应紧握转向盘。

　　新手切忌不必要的晃动。修正行驶方向时以左手为主、右手为辅转动转向盘，转动速度应与行驶速度相适应。当右手操纵其他机件时，应使左手仍能自如地控制转向盘。以即转即回、少推少回为原则，转动量要小。转向时，应一手推送，一手辅助拉接，以此转动转向盘。连续转动转向盘且转向幅度较大时，应采用双手大把交替的方法操作，且背部腰部要随之摆动。

　　行驶中严禁双手同时脱离转向盘；严禁驻车原地转动转向盘，以免损伤转向盘。

　　需要急转弯或转大弯时，应两手交叉轮流拉动转向盘，切不可倒把推动转向盘。当打足方向时，需适时回方向，以保证汽车的正确行驶方向。如向右急转弯，以左手为主向右推至时钟 1、2 点的位置（熟练后应尽可能推到 3、4 点位置），右手滑动一定距离后，迅速放开转向盘，从左肘上交叉握在时钟 9、10 点位置，变辅为主继续向右拉动。同时，将左手顺势翻转握住 5 点位置，并向左推动，这样连续交叉，即可加速转向动作。向左急转弯运作相反。

　　当需要回转转向盘时，可按上述动作进行回转。

　　以上是操纵转向盘的基本方法，具体运用时，还需注意转动转向盘的三要素：时机、速度和转动量。它们应与行驶车速和行驶路线相适应，要做到这点，只有通过不断实践，刻苦练习，才能很好掌握。

特别需要注意的是，汽车在行驶中转动转向盘不得用力过猛；不得两手不变位置地连续推送；除需操纵其他机件外，不得用双手集中一点或长时间用一只手掌握转向盘；切忌不必要的习惯性晃动，且不得无故左右晃动；汽车没有行驶，不得原地硬搬转向盘，以免损坏转向机件。

★ 转向盘的自由行程

实际操纵转向盘时，能够发现转向盘有一定的自由行程，即转向盘转动一个微小的角度而转向轮并未随之转动。如果从转向操纵的灵敏性考虑，转向盘与转向节的运动最好能同步进行，然而，这在实际中是无法做到的。因为在整个转向系统中，各传动件之间必然存在着传动间隙，而这些间隙会随着磨损而逐渐增大。在转向盘转动的初始阶段，驾驶者对转向盘施加的微小角度只是用来克服传动系统中存在的传动间隙，直至传动间隙被完全消除，该阶段是转向盘空转阶段。此后，才需要对转向盘施加更大的转向力矩，来克服转向轮传来的阻力矩，以实现转向轮的转向。

转向盘的自由行程对于缓和路面冲击及避免驾驶者过度紧张是有利的，但不宜过大，以免影响灵敏性。一般来说，转向盘从相应于汽车直线行驶的中间位置向任一方向的自由行程最好不大于 10°～15°。当零件磨损严重转向盘自由行程达到 25°～30°时，必须进行调整或更换。

第二节　平地上汽车转向

> ➤ 本节要求学生在教师指导下，进行基本的左/右转向、掉头、变道等转向操作。
> ➤ 教师可通过学生的操作感受，启发学生对转弯半径、不足转向等概念进行理解。

一、汽车左/右转向

汽车在转弯时，弯道上的视线不如直线行驶时开阔、清楚，往往看不清弯道前面的情况，驾驶者的注意力又易放在转向的操作上，有时还要进行换挡等操作，所以与直线行驶时相比，安全性下降，易发生碰撞、刮擦等交通事故。因此，应开亮前后转向灯、鸣喇叭警告周围车辆和行人（禁止鸣喇叭的路段除外），同时适当降低车速（防止离心力过大而引起汽车失稳、失控、侧滑、甩尾等现象），保持汽车的平稳，并做好制动准备，靠路右侧徐徐转弯，转过弯道后应及时解除转弯信号。转弯时要做到"一慢、二看、三通过"，还要注意突然出现的车辆、行人和牲畜等。

转弯时的注意事项：

（1）转弯时车速要慢，转动转向盘不能过急，以免离心力过大造成汽车侧滑。若汽车发生侧滑，应立即放松加速踏板，将转向盘向后轮侧滑一侧转动，待汽车恢复稳定状态后，再回正转向盘继续行驶。

（2）汽车转弯时应尽量避免使用制动器，尤其是紧急制动，以防侧滑或意外事故的发生。

（3）转弯驾驶时，操纵转向盘要与车速相配合，要做到"及时转，及时回"，转向盘转角要适度，尽量避免换挡，严禁双手脱离转向盘，以防方向跑偏而发生危险。

（4）汽车转弯时，驾驶者应对车轮的行驶轨迹有一个正确的估计，即对最小转弯半径（转向盘转到极限位置时，汽车外侧前轮所滚过轨迹圆的半径）和内外轮半径差（车辆转弯时，内侧前轮与内侧后轮所行驶的轨迹圆半径之差）有一个正确的估计，特别要注意内外轮半径差的影响。这样，在通过狭窄弯曲地带或绕过障碍物时，不容易让前轮越出路外或碰撞其他障碍，同时还可以避免后轮掉入沟渠或触及障碍物。

（5）在视线不良的弯道上要鸣喇叭，靠右侧行驶。

（6）左转弯时，除交通法规和交通警察允许以外，均应转大弯。

（7）转弯汽车应让直行车辆先行。

图 5.4 所示为汽车转弯时的内外轮差。

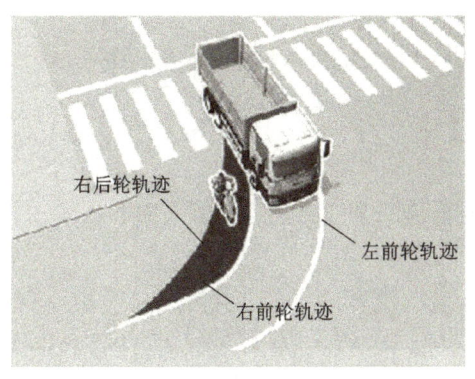

图 5.4 汽车转弯时的内外轮差

★ 转弯半径

转弯半径，是指汽车行驶过程中，由转向中心到前外转向轮与地面接触点的距离，如图 5.5 所示。最小转弯半径是指当转向盘转到极限位置，汽车以最低稳定车速转向行驶时，外侧转向轮的中心在支承平面上滚过的轨迹圆半径。它在很大程度上表征了汽车能够通过狭窄弯曲地带或绕过不可越过的障碍物的能力。转弯半径越小，汽车的机动性能越好。其值的大小与汽车的轴距、轮距及转向轮的最大转角有关，并应根据汽车类型、用途、道路条件、结构特点及轴距等尺寸在设计时妥善选取。

为了避免在汽车转向时产生路面对汽车行驶的附加阻力和轮胎过快磨损，要求转向系统能保证在汽车转向时使所有车轮均做纯滚动。显然，这只有在所有车轮的轴线都相交于一点时才能实现，此交点称为转向中心。对于两轴汽车，内转向轮偏转角 β 大于外转向轮偏转角 α。

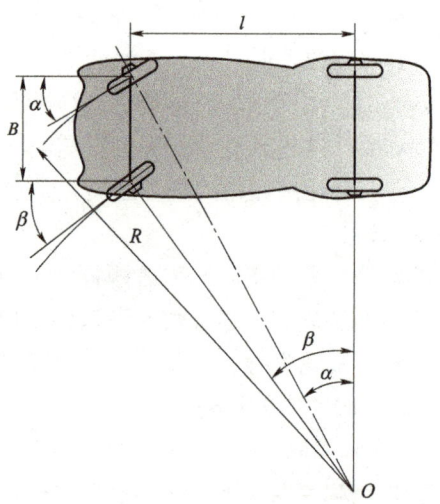

图 5.5 汽车转弯半径示意图

二、汽车掉头

汽车掉头时，根据道路和交通情况，可采取一次顺车掉头或顺车和倒车相结合方法进行。

掉头的基本操作是：速度低而稳，打方向快而准，充分利用路面宽度。

（1）在较宽的道路上掉头时，尽量采取大迂回，一次顺车掉头的方法。当汽车行驶到离所选的掉头地点约 50 m 以外处，应先发出掉头信号（打开左转向灯），降低车速，逐渐将车驶向道路右侧，同时注意观察道路情况，必要时应停车观察,特别要注意车后有无来车或行人等。在确认不妨碍交通和安全的情况下,将变速器挂入低速挡,鸣喇叭,向左转动转向盘,待车头掉过来时将转向盘回正。

(2)在狭窄道路上不能一次顺车掉头时,可采用前进与倒退相结合的方法进行掉头,操作方法为:

① 用低速挡,将汽车驶近右侧路边,随后迅速将转向盘向左转到极限位置,使车缓缓驶向道路左边。待前轮将要接近左侧路边时,踏下离合器踏板,并轻踏制动器踏板,趁汽车尚未停下时,迅速将转向盘向右回转,使前轮偏转到后退所需的方向,然后及时将制动器踏板踏到底,使车停住。

② 后退时,应先观察清楚车后情况,然后起步慢行,当车轮刚刚开始转动时,迅速将转向盘向右转到底。待汽车退至后轮将要接近右侧路边时,踏下离合器踏板,并轻踏制动器踏板,趁汽车尚未停下之际,迅速将转向盘向左回转,使前轮偏转到前进所需的方向,然后及时将制动器踏板踏到底,使车停住。

(3)在遇到特殊情况时,如必须在倾斜路段或较窄地带进行掉头,则在前进和后退停车时,除必须使用行车制动器外,还应同时使用驻车制动器,等汽车停稳后,再挂挡前进或后退。

(4)在反复进行前进、倒退掉头时,前后左右车轮在行驶时是与路边不平行的,与路边的距离也各不相等,因此,在判断汽车位置时,应以最先接近路边的车轮为准。如障碍物限制的地方,前进时应以前保险杠为准,后退时应以后车厢板或后保险杠为准。

(5)一次前进或后退不能掉过头来时,可反复进行多次。反复进退时,应尽量多进少退。

三、汽车变道

为了正确顺畅行驶,驾驶者经常需要进行变道操作。那么,如何实现安全迅速的变道呢?我们不妨记住这样一个口诀:一灯、二镜、三方向。汽车变道示意图如图 5.6 所示。

具体操作如下:

(1)变道前打开转向灯,以提醒后车与邻近车道车辆本车的变道意图。
(2)观察后车与侧后方车辆,以确保留有足以实现本车变道的安全距离。
(3)缓打方向,迅速变道,进入车道后迅速将自己的车身回正。
(4)变道时,不要一次跨越多个车道。当有需求时,应提前变道。

图 5.6 汽车变道示意图

★ 不足转向

在转向过程中，是否感觉到转向盘转角似乎"不够"？这就是转向不足的现象。汽车的稳态响应分为三类：中性转向、不足转向和过度转向。简单来说，轮胎和路面可能产生的附着力不是无限的，它受到轮胎、载荷和路面特性的限制。转向时车辆产生的离心力和需要的驱动力有可能超出地面所能提供的附着力，此时轮胎就会出现滑动。如果这个轮胎位于前轮，就会产生转向不足。如果这个轮胎位于后轮，就会产生转向过度。

可以说，中性转向是理想状况，然而汽车实际上很难达到这种状态。当车辆发生转向不足时，车辆的转弯半径会增大，从而使离心力减小，随着离心力的减小，地面附着力将有可能提供所需要的驱动力和离心力，从而使车辆趋于稳定转向。同时，过度转向汽车达到临界车速时将失去稳定性，只要出现极其微小的前轮转角，便会产生极大的横摆角速度。这意味着汽车的轮向半径会变得很小，汽车发生急转而侧滑或侧翻。所以，汽车在设计上应保证不足转向。汽车不足转向和过度转向分别如图 5.7 和图 5.8 所示。

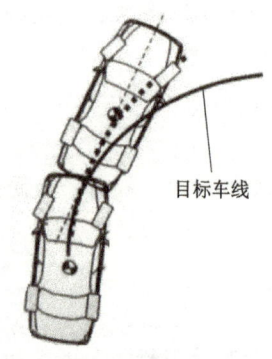

图 5.7 汽车不足转向示意图

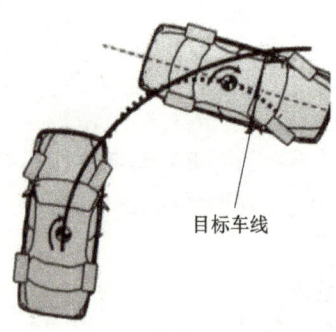

图 5.8 汽车过度转向示意图

第六章　汽车的换挡操作

- 通过对本章的学习，学生应了解变速器的功用，理解换挡的必要性。
- 在教师的指导下，熟练掌握换挡的相关操作，感受并理解同步器的工作原理。
- 模拟工况训练时，指导教师务必确保安全，学生务必谨慎操作、听从指挥。
- 了解常见的四驱形式及其特点，掌握分时四驱两种模式之间的切换。

第一节　换挡对汽车性能的影响

- 通过对本节的学习，学生应了解汽车变速器的功用，理解行车中换挡的必要性。
- 在接下来的驾驶实践中，回顾并体会本节知识的含义，达到学以致用、融会贯通。

一、变速器功用

现代汽车上广泛采用活塞式内燃机作为动力源，其转矩和转速变化范围较小，而复杂的使用条件则要求汽车的驱动力和车速能在相当大的范围内变化。为解决这一矛盾，在传动系统中设置了变速器，以实现如下功能：

（1）改变传动比，扩大驱动轮转矩和转速的变化范围，以适应经常变化的行驶条件，如起步、加速、上坡等，同时使发动机在有利的工况下工作。

（2）在发动机旋转方向不变的前提下，使汽车能倒退行驶。

（3）利用空挡，中断动力传递，以使发动机能够起动、怠速，并便于变速器换挡或进行动力输出。

变速器按操纵方式不同，分为强制操纵式（手动挡）、自动操纵式（自动挡）和半自动操纵式（半自动挡）。

二、换挡的必要性

汽车在行驶过程中，行驶条件会经常发生变化。正确选用挡位，可以使发动机在不同的行驶条件下都处于最佳的工作状态，从而充分发挥汽车的动力性，并且提高燃油经济性。所谓正确选用挡位，是指驾驶者能根据不同的行驶条件，及时、合理地协调改变发动机的转速和转矩。

$$T_t = T_{tq} i_g i_0 \eta_T \tag{6-1}$$

式中，T_t 为车轮驱动力矩，单位为 N·m；T_{tq} 为发动机转矩，单位为 N·m；i_g 为变速器传动比；i_0 为主减速器传动比；η_T 为传动系统的机械效率。

$$u_a = 0.377 \frac{rn}{i_g i_0} \tag{6-2}$$

式中，u_a 为汽车行驶速度，单位为 km/h；r 为驱动轮半径，单位为 m；n 为发动机转速，单位为 r/min。

由式（6-1）和式（6-2）可以看出，当发动机转速一定，且变速器处在低速挡（i_g 较大）时，汽车行驶速度较慢，但驱动轮上的驱动力矩较大。此时，汽车可以克服较大的行驶阻力（后备功率大），一般用于起步、爬坡等工况；变速器处在高速挡（i_g 较小）时，驱动轮上的驱动力矩较小，但汽车的行驶速度较快，此时，汽车的燃油经济性较好（负荷率高）。通常情况下汽车多以高速挡位行驶。

当汽车行驶速度一定时，变速器挂入的挡位越低，发动机的转速就越高。汽车以低速挡高速行驶时，发动机动力浪费很大，从而使燃油消耗量大，发动机容易过热。此外，发动机转速过高对发动机的寿命也有一定影响；在速度固定的情况下，变速器挂入的挡位越高，发动机的转速就越低。汽车以高速挡低速行驶时，容易产生动力不足的情况，严重时会出现发动机熄火现象。因此，在驾驶过程中，驾驶者应能够根据不同的行驶状况，及时调整挡位，以保证汽车平稳运行。

及时换挡包括加挡和减挡。及时加挡，是指踏下加速踏板后感到速度明显提高，当达到高一级挡位的速度范围时应立即换入高一级挡位。加挡后不应出现动力不足和传动系统抖动现象。及时减挡，是指当感到车速下降、发动机乏力时，应立即换入低一级挡位。减挡后汽车行驶应平顺稳定。加挡过早或减挡过晚，均会由于动力不足，致使传动系统抖动、机件磨损加剧；加挡过晚或减挡过早，都会使低速挡使用时间过长，从而浪费动力、增加燃油消耗。

★ 汽车的行驶加速度曲线

从理论上讲，加速过程中的换挡时刻可以根据汽车的行驶加速度曲线来确定，如图 6.1 所示。若汽车相邻两挡位的行驶加速度曲线有交点，显然，在交点对应的车速换挡过程最平稳，汽车的加速时间也最短；若相邻两挡位加速度曲线不相交，则应在较低的挡位加速行至发动机转速足够高时，再换入较高的挡位。

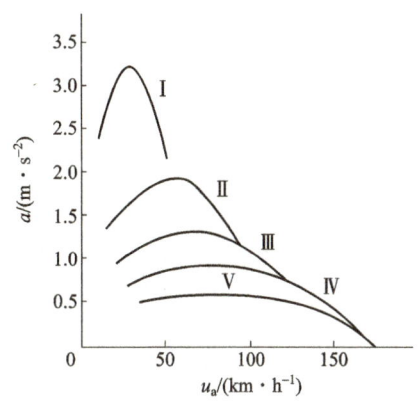

图 6.1　汽车的行驶加速度曲线

第二节　基本操作训练

> ➤ 本节要求学生严格按照换挡要求进行操作，着重练习换挡时离合器踏板、加速踏板和变速器操纵杆之间的协调配合，并理解同步器的工作原理。
> ➤ "两脚离合器法"由指导教师进行实车示范，学生通过感受该方法在加、减挡操作中的差异，了解其中的原理。

一、挡位介绍

变速器操纵杆球头上刻着各挡的方位，如图 6.2 所示。它由 5 个前进挡和 1 个倒挡组成，数字（1、2、3、4、5）表示前进挡，1 挡为最低挡，5 挡为最高挡，R（Reverse）表示倒挡，中间杆位 N（Neutral）表示空挡。

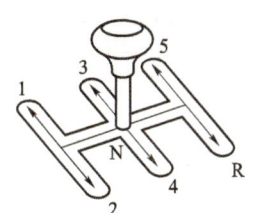

图 6.2　挡位示意图

二、变速器操纵杆的运用

变速器操纵杆是变速器的操纵装置，它控制变速器内各挡齿轮的接合与分离，一般被安装在驾驶座右侧位置。使用方法如下：

握法：手掌心轻贴住球头，五指向下握住球头和部分杆身，如图 6.3 所示。

操作要领：以手腕和肘关节的力量为主，肩关节为辅，随着推、拉方向的变化，掌心贴球头的方向可以适当变化，变速杆球头不可握得太紧，以便适应不同挡位用力方向不同的需要。

三、挡位切换

1. 加挡

加挡就是由低一级挡位换到高一级挡位。汽车起步后,只要前方道路条件许可,均应逐级换入高速挡行驶,以免发动机转速过高,同时提高汽车的燃油经济性。

具体操作方法如下:

(1) 松开加速踏板,同时踏下离合器踏板(第一脚离合器),随即将变速器操纵杆拨入空挡位置。

图 6.3　变速器操纵杆的握法

(2) 松开离合器踏板,并让变速器处于空挡片刻。

(3) 再次踏下离合器踏板(第二脚离合器),再将变速器操纵杆迅速拨入高一级挡位。

(4) 匀速稍快地松开离合器踏板,同时逐渐踏下加速踏板,完成加挡。

★　加挡两脚离合器原理

加挡之前的踩油门冲车动作,使发动机转速显著提高。当第一次踩下离合器踏板,同步动作右脚收油,右手将变速器操纵杆摘到空挡位置时,变速器的Ⅰ轴和中间轴的转速比Ⅱ轴要快许多。为了使即将进入啮合的一对齿轮圆周速度接近,此时就应抬起离合器踏板,利用发动机怠速的牵制作用来降低Ⅰ轴和中间轴的转速。当发动机声音变小,需要进入啮合的一对齿轮转速基本相等时,再次踩下离合器踏板,变速杆就会轻松地挂入高一级挡位。

选择加挡时机:应先适当提高车速至接近高一级挡位的速度范围,然后迅速换入高一级挡位。加挡操作中,第一次松开离合器,Ⅰ轴和中间轴降低转速所需要的时间(也就是变速器操纵杆在空挡位置停留的时间),应根据加挡前的加速程度而定。

若冲车时间较短,发动机转速提高不多,空挡停留的时间可短些;若加速冲车时间较长,发动机转速提高较多,空挡停留的时间可稍长些。一般来说,汽车满载时的空挡停留时间要比空载时长一些;上坡行驶时空挡停留的时间稍长些。当发动机的转速从高速降低到怠速时,正是挂入高一级挡位的最好时机。掌握以上要点,并经多次练习,便可操作得恰如其分。

2. 减挡

减挡就是由高一级挡位换到低一级挡位。汽车在以高速挡行驶的过程中,遇到阻力增大(如上坡或遇到障碍),车速下降,原来的挡位不能维持原来的行驶车速时，应立即换入低一级挡位。根据需要，还可逐级换至最低速挡位。具体操作方法如下：

（1）松开加速踏板，同时踏下离合器踏板（第一脚离合器），随即将变速器操纵杆拨入空挡位置。

（2）松开离合器踏板，同时适度地踏下加速踏板（轰一脚油）并立即放松加速踏板。

（3）再次踏下离合器踏板（第二脚离合器），并立即将变速器操纵杆迅速拨入低一级挡位。

（4）缓慢均匀地松开离合器踏板，同时逐渐踏下加速踏板，完成减挡。

★ 减挡两脚离合器原理

如果车速降下来再降挡，是一件很容易的事，只需踩下离合器，将变速器操纵杆轻轻地拨入低挡即可；如果汽车在高速行驶中，要想很圆滑地操作并不是一件很容易的事。这是因为汽车在高速行驶时，变速器中与离合器相连的Ⅰ轴和与传动轴相连的Ⅱ轴同步运转的速度很快，如果要降挡，传动比要变大（Ⅰ轴齿轮变小、Ⅱ轴齿轮变大），与离合器相连的Ⅰ轴齿轮必须多转几圈。而当松开离合器踏板（注意离合器动作和离合器踏板动作的区别）时，由于汽车的巨大惯性，与传动轴相连的Ⅱ轴齿轮仍然以较高的速度旋转；由于发动机转速下降，变速器与离合器相连的Ⅰ轴齿轮转速也随之下降，两边齿轮转速悬殊，无法实现同步进入啮合，也就无法换入低挡。

要想轻松换入低挡，就必须提高发动机的转速，使与离合器相连的Ⅰ轴转速随之提高。提高的方法就是利用拨入空挡的时间使离合器接合，并轰一脚空油门以提高发动机的转速，然后再使离合器分离，将变速器操纵杆拨入低挡位，接合离合器，完成降挡。

减挡时机的选择，一般掌握在发动机动力开始感到不足，车速即将下降时，或在因前方道路或交通情况发生变化而必须减速行驶时进行。一般来说，减挡的操作和时机的掌握与加挡时相比要困难一些，因此必须进行重点练习，才能做到得心应手。

减挡过程中，加空油的多少，根据当时的车速、挡位和汽车的减速度等的不同而有所差异。一般情况下，原则上车速高、挡位低、减速度小时，空油要适当多加；相反，则应适当少加。只有在实践中反复摸索，才能很好掌握。

其实这种"两脚离合器法"在原来汽车变速器里没有同步器的时候，是每一位汽车驾驶者都必须掌握的技巧之一，但这个操作比较复杂，难以精确掌握。现在的汽车变速器普遍采用同步器。换挡时，踏下离合器踏板，换入目标挡位，松开离合器踏板,同时踏下加速踏板即可,只有在高速降挡时才有必要采用"两脚离合器法"。

★ 同步器的工作原理

同步器的作用是保证换挡平顺,简化操作过程,降低驾驶者的疲劳强度。它是依靠摩擦作用,使接合套与待接合齿轮的花键齿圈迅速达到同步的。

同步器有常压式、惯性式和自行增力式等几种类型。其中,应用最广泛的是惯性式同步器。

惯性式同步器既可以使接合套与待接合齿轮的齿圈迅速达到同步,也可以保证二者在达到同步之前无法接触,有效避免了齿间冲击和噪声,工作十分可靠。

如图 6.4 所示,接合套、同步环和待接合齿轮的齿圈上均有倒角(锁止角)。换挡时,驾驶者通过变速器操纵杆把力施加给同步环,使同步环的内锥面与待接合齿轮齿圈外锥面接触产生摩擦。在摩擦力矩的作用下,待接合齿轮转速迅速上升(或下降)到与同步环转速相等,在此过程中,由于转动惯性作用和锁止角的存在,产生一个阻止同步器锁环与接合套接合的力(类似于物理学中摩擦角的原理),即防止二者在达到同步前进入啮合,我们称之为锁止作用。二者达到同步时,待接合齿轮与同步器锁环没有相对转动,惯性作用消失,阻力也随即消失,这时在变速器操纵杆作用力的推动下,接合套顺利地与同步器锁环接合,并进一步与待接合齿轮的齿圈接合。至此,换挡操作完成。

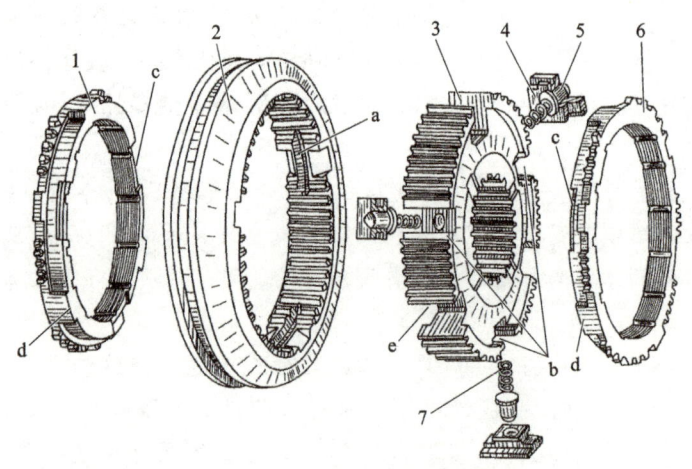

图 6.4 锁环式同步器

1,6—锁环(同步环);2—接合套;3—花键毂;4—滑块;5—定位销;7—弹簧;
a—凹槽;b—轴向槽;c—缺口;d—凸起部;e—通槽

四、换挡要求

换挡时,两眼应注视前方,左手握稳转向盘,右手轻握变速器操纵杆的球头,互不干涉,绝不可低头看操作部位或其他部件,以防方向跑偏发生危险;换挡时,如挂不进挡位或齿轮发响,不得强拉硬推,变速器操纵杆移至空挡后不得来回晃动,以免影响换挡时机和损坏机件;汽车行驶中变速时,除非特殊情况,不得越级换挡;正常行驶过程中不得挂倒挡,如需倒退行驶,必须使汽车完全停稳后方可挂入倒挡。

正确的换挡应做到及时(不抢挡,不拖挡)、准确(加速踏板、离合器踏板、变速器操纵杆三者的操作要求协调,挡位要准)、平稳(换挡无冲击)。

第三节 模拟工况驾驶训练

> ➢ 本节要求指导教师设置和模拟指定工况,教学过程中务必随车确保安全。
> ➢ 学生务必仔细阅读操作步骤,并在教师的指导下逐步操作。

一、坡路行驶

汽车在坡路上行驶时,由于存在上坡阻力和下坡助力,对车辆的行驶有很大影响。在坡路上行车时,要根据坡度的大小、坡道的长短,结合汽车的性能及装载情况,采取恰当的驾驶操作方法,做到挡位选用合理,换挡敏捷及时,手脚配合协调,否则会因为操作不当而易造成事故。

1. 上坡行驶

如图 6.5 所示,上坡行驶中,在保证车辆有足够牵引力的情况下,应尽可能使用较高的挡位行驶,但又不能以高速挡勉强行驶。在以低速挡行驶感到动力有余,而换入高一级挡位又感到动力不足时,应保持在原来的挡位上,适当松起加速踏板,维持匀速上坡。

遇到短而陡的坡道,在没有急弯和路面障碍,且视线良好又无来车的情况下,可以适当加速,利用车辆行驶的惯性冲坡,减少换挡次数。但加速程度,一般不宜

图 6.5 汽车上坡行驶

超过加速踏板的 3/4,更不应超速冲坡。遇到长而陡的坡道时,在条件允许的情况下,在上坡前也可适当加速,利用惯性冲坡。

在动力不足时,再逐级减挡,稳住加速踏板,徐徐而上。遇到坡道弯曲,或视距受到限制,无法判明前面的道路情况和交通情况时,必须提前换入低速挡谨慎驾驶。当接近坡顶时,不应急于换挡,以免发生事故。在视线不良的坡道上行驶,切忌高速冲坡。在上坡行驶中,要掌握"高速挡不硬撑,低速挡不猛冲"的操作要领。

车辆上坡起步后,如感到一挡动力有余,估计可以用二挡行驶时,应立即加挡。由于上坡时的阻力作用,加挡前的加速时间要比在平路上行驶时长一些,要等车辆速度达到高一挡的初速度时,才可迅速地进行加挡。加挡的动作要协调,当采用两脚离合器换挡时,中间的停顿要明显一些。

上坡减挡:在车辆上坡的动力略感不足时,应立即减挡,以维持正常的行驶状态。根据情况,有时需要连续逐级减挡。由于上坡时车速降低得较快,因此要提前换挡。坡度越大,提前的程度应越大。

2. 下坡行驶

汽车下坡行驶如图 6.6 所示。在一般缓直的下坡道上行驶,可挂高速挡,但加速踏板应适当松起一些,视情况的变化,适当踏下制动器踏板使车辆保持稳定的车速。下坡时,要注意适当拉长前后车之间的距离。

图 6.6　汽车下坡行驶

下坡换挡的操作也与平路时的操作有所不同。下坡加挡时,由于下坡时的助力作用,可大大地缩短加速时间,甚至可以免去加速。换挡的动作要相应加快,空挡只需一带而过,不要有明显的停顿,否则会因下坡的助力作用,使变速器内的主、从动齿轮的转速差迅速增大，造成进挡困难。下坡行驶时，只有遇到特殊情况，才需要减挡操作。下长坡时，要注意控制车速，不宜将挡位升得太高，而是以低速挡缓慢匀速行驶，充分利用发动机的制动作用，从而缓解制动器压力，防止因长时间制动造成制动器过热而导致刹车失灵（制动效能热衰退），影响行车安全。因此，在练习时，必须谨慎进行。

下坡减挡时，由于汽车用高速挡下坡过程中车辆是处于加速行驶状态的，在这种情况下减挡，一切动作都要比正常减挡做得快一些，要尽快加大空油来提高发动机的转速。挡位越低，空油加得应越大，并以最快的动作换入低一级挡位。换入低挡后，只需将离合器缓缓松起，即可因发动机的牵制作用使汽车的行驶速度有所降低，待车速降低后，即可进行下一级减挡操作。这种操作方法俗称"高速抢挡"，通常被用作刹车失灵时的一种应急措施。

二、超车

超车示意图如图6.7所示。超车时关于换挡的正确操作方法是：先换入低一级挡位，使车速稍有下降，随即加大油门至超车完成，再恢复到正常行驶状态。

可能会有这样的疑问：提高车速才有可能实现超车，而通常情况下提高车速都要加挡，为什么超车却要减挡呢？

这是因为加挡的瞬间，发动机转速立即下降，但车速尚无改变，同时由于变速器传动比变小，发动机输出到车轮的扭矩也变小。加挡动作完成后，通过加油门使汽车提速，但由于扭矩输出小，汽车提速比较缓慢。

图 6.7 超车示意图

减挡的瞬间，发动机转速立即升高，但车速保持不变，同时由于变速器传动比变大，发动机输出到车轮的扭矩也变大。减挡动作完成后，通常通过减油门使汽车减速（即所谓的减速减挡），由于扭矩输出变大，此时继续加油门会使汽车产生很大的加速度，汽车提速迅速，这样就能满足超车的需要。因为超车需要的正是瞬时的高加速度，加挡加油产生的加速度远小于减挡加油产生的加速度。后者的代价是发动机转速可能会过高，但只是暂时超标一下，超完车之后就会恢复正常了。

★ 节油驾驶

养成节油驾驶的习惯：

（1）保持合理的行车速度——每种汽车都有自己的经济车速，这与每种汽车所配置的发动机类型及其发动机万有特性曲线有关。

（2）避免不必要的怠速运转——一般汽车怠速运转 1 min 以上，所消耗的燃油要比重新起动所消耗的燃油多。所以，如果停车时间较长，应该将发动机熄火。

（3）行驶中应尽量避免突然加速或减速——行车中应力求保持平稳车速，猛踩加速踏板只会增加不必要的燃油消耗，而不能明显节省时间。

第四节　四驱型式的转换

> 本节主要由指导教师为学生介绍常见的四驱型式 SUV，使学生了解四驱型式的存在意义以及各种型式之间的特点和差别；重点掌握分时四驱的操作方法。

SUV（Sport Utility Vehicle），中文意思是运动型多用途汽车，主要是指那些设计前卫、造型新颖的四轮驱动（4×4）越野车。我们常见的四驱型式可分为三大类：全时四驱、分时四驱、适时四驱。

一、全时四驱/全轮驱动

全时四驱（All Wheel Drive，AWD）就是汽车在行驶的任何时间，所有车轮全部独立运动。全时四驱车比两驱车（2WD，4×2）有更优异的驾驶基础：更好的动力性，更高的牵引力，更好的驾驶体验，在剧烈驾驶情况下更安全、更稳定。所以，一般高端 SUV 才会配备此类系统。

全轮驱动车型会比两驱车型拥有更优异、更安全的驾驶基础，尤其是碰到极限路况或者激烈驾驶时。理论上，AWD 会比 2WD 拥有更好的牵引力，车辆行驶是依靠它持续平稳的牵引力，而牵引力的稳定性主要由车辆的驱动方法来决定。将发动机动力输出经传动系统分配到四个轮胎与分配到两个轮胎上做比较，其结果是 AWD 的可控性、通过性和稳定性均会得到提升。即无论车辆行驶在何种天气以及何种路面（湿地、崎岖山路、弯路）时，驾驶者都能够更好地控制每一个行迹动作，从而保证驾驶者和乘员的安全。

在驾驶时，全轮驱动的转向风格也很有特点，最明显的就是它会比两驱车型转向更加中性。通常，它可以更好地保持前轮驱动车型适度的不足转向（保持适度的不足转向，可以有效避免进入危险的不可逆的过度转向状态，因为中性转向是临界态）和后轮驱动车型的过度转向，这也是驾驶安全性和稳定性的重要体现。AWD 的存在，为汽车提供了"主动安全、主动驾驶"的机会。

操作方式：无须人为干预操作。

代表车型：奥迪 Quattro、大众 4MOTION、宝马 XDrive、奔驰 4MATIC、讴歌 SH-AWD 等。

二、分时四驱（Part-Time 4WD）

分时四驱是一种驾驶者可以在两驱和四驱之间通过手动选择的四轮驱动系统。由驾驶者根据驾驶需要，通过对分动器的断开或接通达到两驱或四驱的目的，这也是越野车或带有四驱功能的 SUV 最常见的四轮驱动系统。

分时四驱汽车要求驾驶者必须根据自己的经验来判断路况、选择驱动模式，并通过操作分动器实现两驱与四驱的模式切换。切换前，必须先把车停稳。

车辆并不是长时间处于四驱状态。一般行驶状况下，采用的是两轮驱动，当需要通过恶劣路面时，驾驶者可以通过分动器变速器操纵杆，把两轮驱动切换成四轮驱动，让四个车轮都提供驱动力，从而提高车辆的通过性能。

分时四驱的优点是结构简单，稳定性高，坚固耐用；缺点是必须由驾驶者手动操作，同时还需要停车操作，这样不仅操作起来比较麻烦，而且遇到恶劣路况不能迅速反应，有可能错过脱困的最佳时机。此外，由于分时四驱没有中央差速器（轴间差速器），所以在硬地面（铺装路面）上使用四驱系统会导致轮胎磨损加剧，特别是在弯道上不易顺利转弯。

操作方式：车内会特别设计分动装置，有些是分动器的变速器操纵杆，如图 6.8 所示，有些是电子的按钮或旋钮。

图 6.8 分动器变速器操纵杆

代表车型：JEEP 牧马人、长城哈弗等。

三、适时四驱（Real-Time）

适时四驱就是只有在适当的时候才会出现四轮驱动，在一般情况下依然是两轮驱动。这种驱动型式不同于需要手动切换两驱和四驱的分时四驱，以及所有工况下都是四轮驱动的全时四驱。适时四驱的汽车成本低，燃油经济性好。

相比全时四驱，适时四驱的结构要简单得多，不仅可以有效降低成本，而且有利于降低整车整备质量。由于适时四驱的特殊结构，它更适合于前横置发动机前驱平台的车型配备，使得许多基于这种平台打造的 SUV 或者四驱轿车有了装配四驱系统的可能。

当然，适时四驱的缺点仍然是存在的。目前绝大多数适时四驱在前后轴间传递动力时，会受制于结构本身的缺陷，无法将超过 50%的动力传递给后轴，这使它在主动安全控制方面没有全时四驱的调整范围大。

操作方式：大多数都在车内设计了单独的按钮，印有"LOCK"字样，如图 6.9 所示，也有些为自动感应式的联通四驱状态，车内无按钮。

代表车型：奇骏、丰田 RAV4、本田 CR-V、科雷傲等。

图 6.9　适时四驱控制开关

练　　习

1. 拨换变速器操纵杆练习

操作次序：左脚放在离合器踏板上，踩压离合器踏板，右手从转向盘移动到变速器操纵杆上；然后不费劲地将变速器操纵杆换到一挡（或二、三、四、五挡），在每一次换好挡后，松开离合器踏板。操作时，先踩下离合器踏板，将变速器操纵杆放到空挡位置，再松开离合器踏板，把手从变速器操纵杆收回到转向盘。

2. 离合器踏板、加速踏板和变速器操纵杆协调动作练习

操作次序：左脚放在离合器踏板上，然后踩压离合器踏板，将右手从转向盘移到变速器操纵杆上，并将其拨至一挡位置。在压加速踏板的同时，均匀地松开离合器踏板使其回复到原始位置，然后松开加速踏板，踩压离合器踏板，将变速杆换入二挡（或三、四、五挡），在踩压加速踏板的同时，松开离合器踏板。

本操作结束时，松开加速踏板，踩下离合器踏板，将变速器操纵杆换入空挡位置，再松开离合器踏板。

第七章　自动挡汽车

> ➢ 了解自动挡汽车的概念和分类以及各个种类的优缺点。
> ➢ 了解液力变矩器和金属带式无级变速器的结构并理解其工作原理。
> ➢ 熟练掌握自动挡汽车的驾驶方法（包括起步、停车、坡道行驶、超车等工况）。
> ➢ 对比自动挡汽车与手动挡汽车的差异，思考并总结二者的优缺点。

第一节　认识自动挡汽车

> ➢ 通过对本节的学习，学生应了解自动挡汽车的概念及其分类并了解各个种类的优缺点，重点理解液力变矩器和金属带式无级变速器的工作原理。

一、概念和分类

自动挡汽车，即采用自动变速器的汽车。驾驶时由自动变速器的控制系统，根据发动机的转速、负荷及加速踏板位置自动选择合适的挡位，从而替代人的主观判断和换挡操作。经过多年的发展，自动变速器生产制造技术已经趋于成熟，目前得到广泛应用的自动变速器主要有以下几种：

AT（Automatic Transmission）：液力自动变速器，是由液力变矩器、行星齿轮和液压操纵系统组成的，通过液力传递和齿轮组合的方式来实现变速变矩，取消了中央离合器总成，简化了驾驶者的操作。由于 AT 以液体作为工作介质，能够衰减传动系统中的扭转振动，使车辆起步和加速十分平稳。但同时，由于油液内部摩擦消耗很多能量，其传动效率较低。AT 还有如下问题：挡位少（如 4AT、5AT），换挡顿挫感明显；挡位多（如 6AT、8AT），成本成倍提高，难以在低档车型上普及。而且，与手动挡 MT 相比，AT 换挡反应比较迟钝。

代表车型：凯美瑞 2.0 L、马自达 6、本田 CR-V、奥迪 Q5。

★ 液力变矩器的工作原理

液力变矩器位于发动机和齿轮变速器之间，起到传动、离合和改变扭矩的作用。

液力变矩器的工作原理类似于图 7.1（a），液力变矩器只是把图（a）中的空气变成了图（b）中的液压油。与发动机曲轴刚性连接的泵轮是液力变矩器的主动元件，工作时搅动工作液一边绕轴做旋转运动，一边在离心力作用下向外缘流动。同时工作液冲击涡轮，带动涡轮旋转，涡轮通过与之刚性连接的变矩器输出轴（齿轮变速器第一轴）输出动力。由于泵轮转速大于涡轮转速，涡轮旋转对工作液的离心力作用较小，泵轮侧外缘液压高于涡轮侧，工作液沿外缘从泵轮流向涡轮，又沿内缘通过导轮从涡轮流回泵轮，工作液呈环形螺旋线形状做循环运动。其中，固定不动的导轮给涡轮一个反作用力矩，使涡轮输出的转矩不同于泵轮输入的转矩，起到变矩作用。另外，由于单向离合器的存在，即使在极端情况下，涡轮也无法反向带动泵轮。这会导致两个结果：一是配备液力变矩器的车型熄火时无法像手动挡汽车一样靠人力推动滑行再次点火；二是遇到陡坡，动力不足出现车辆下滑时，变速器本身不容易损坏，同时车辆也不会被憋熄火。

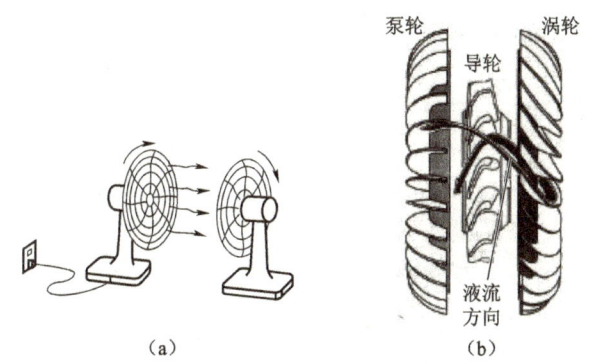

图 7.1 液力变矩器的工作原理

液力变矩器是柔性传动，能保证汽车起步平稳、换挡平顺，还能衰减传动系统中的扭转振动。同时，柔性传动最大的弊端就是动力损失（搅油发热），传动效率不高，而且容易导致液力变矩器温度升高。对此，车辆工程师采用锁止离合器将泵轮和涡轮固连在一起，换挡完成后，动力系统处于稳定状态时，锁止离合器开始工作，此时液力变矩器相当于刚性连接，不但可以提高传动效率，也能降低因搅动液压油引起的发热。

AMT（Automated Mechanical Transmission）：电控机械式自动变速器，是对传统干式离合器和手动变速器进行电子控制实现自动换挡的新式变速器，其控制过程基本是模拟驾驶者的操作。通俗地讲，AMT 就是在 MT 的基础上加入了智能电控元素——包括电子控制离合器和换挡程序（注意，AMT 是有离合器的，只是没有离合器踏板），简化了驾驶者的操作，提高了车辆的燃油经济性，但换挡品质不高，容易产生顿挫感（动力中断依然存在）。此外，AMT 购买成本较低，但容易损坏且维修费用很高。

代表车型：奇瑞 QQ6、昌河北斗星、哈飞路宝。

CVT（Continuously Variable Transmission）：机械式无级变速器，顾名思义，CVT 没有确定的挡位，不存在所谓的换挡过程（很多 CVT 汽车会配置手自一体变速器操纵装置，如图 7.2 所示，在手动换挡时能够明显感觉到发动机转速的阶跃变化，这只是设计师为了提升用户体验，人为设定的一些固定速比），传动比的变化是平稳连续的，消除了上述变速器挡位变化时的顿挫感，动力传输非常平顺流畅。CVT 相当于有无穷多个挡位，能够最大限度地保证以"最佳速比"传动，使得发动机始终处于最佳工作状态。现有的 CVT 主要靠金属带或金属链传动，依靠带轮的夹紧力是很难进行大扭矩传递的，因此，目前 CVT 主要应用于乘用车，商用车中很少使用。

图 7.2 手自一体变速器操纵装置

代表车型：日产 X-Tronic、本田 Accord、斯巴鲁 Linear-Tronic。

★ 金属带式 CVT 的工作原理

金属带由两组金属带环和大量金属片组成，如图 7.3 所示。金属带环在两侧工作轮挤压力的作用下传递动力，并在传动过程中起到推动和引导金属片运动的作用。主、从动工作轮由可动部分和固定部分组成，如图 7.4 所示，从而实现无级变速传动。工作面为直线锥面体。在电控系统的作用下，可动部分做轴向运动，可连续地改变带传动工

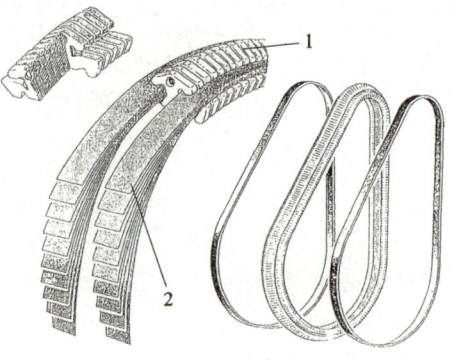

图 7.3 金属带的结构

1—金属片；2—金属环

作半径,如图 7.4 所示,从而实现无级变速传动。

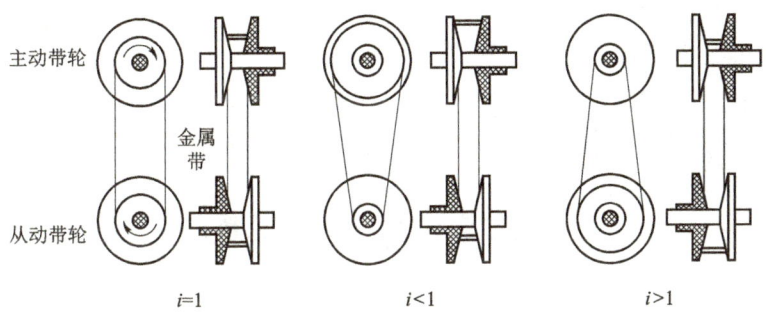

图 7.4　金属带式 CVT 的工作原理

DCT（Dual Clutch Transmission）/DSG（Direct Shift Gearbox）：双离合自动变速器,把手动变速器的灵活性和传统自动变速器的便捷巧妙地结合在一起。DCT/DSG 由双离合器装置和双传动轴机构组成,并由电控单元及液压装置同时控制两组离合器动作。工作时,一个离合器（离合器 1）接合,车辆以某一挡位行驶；另一离合器（离合器 2）仍处于分离状态,并根据驾驶者通过加速踏板传递的信号预选下一挡位齿轮组。

换挡时,处于接合状态的离合器 1 分离,与之连接的齿轮组脱离动力传递,同时离合器 2 进入接合状态,被预选的齿轮组进行动力传递,车辆以下一挡位行驶,一次换挡动作完成。DCT/DSG 换挡速度快（只需几毫秒）,几乎没有动力中断,因此换挡的平顺性好、无顿挫感。

此外,它还兼有 MT 的机械式传动方式和 AT 的智能控制模式,因此燃油经济性较好。主要缺点是成本较高,目前只应用于中高档车型。

代表车型：高尔夫 GTI、迈腾 1.8 T、沃尔沃 C30（Powershift）。

二、挡位介绍

常见的自动挡汽车变速器有以下几个挡位：

P（Parking）——驻车挡,关闭发动机后或长时间怠速停车时使用,此时车轮处于机械锁死状态,以防止车辆溜动。

R（Reverse）——倒车挡,倒退行驶时使用,使用时需确认车辆已停稳。

N（Neutral）——空挡,短暂停车时使用,需注意,与手动挡汽车不同,自动挡汽车切不可高速空挡滑行,否则会导致液力变矩器过热甚至烧毁。

D（Drive）——行车挡,也叫前进挡,是最能体现自动挡汽车操纵简便的挡位,在此挡位下行驶时,变速器会根据工况自动切换挡位。

L（Low）——低速挡,在此挡位下,变速器会锁定最低挡,可用于上陡坡等需要大扭矩输出的工况，也可用于长距离下缓坡行驶时，利用发动机进行制动，缓解制动器工作压力。

2（Second Gear）——限制挡。注意，自动挡汽车上标示挡位的数字不表示单一挡位，而是1~2挡。该模式下，变速器会在1挡和2挡之间自动切换，即强制把变速器限制在2挡以下而不会升到更高的挡位。

第二节 驾驶操作

> 本节主要介绍自动挡汽车的驾驶方法（只包含具有自动挡特色的操作方法，与手动挡类似的操作方法本节不再赘述），学生在训练的同时可对照手动挡汽车的驾驶方法，感受二者在操控性和舒适性上的差异，思考并总结手动挡和自动挡汽车各自的优势。

一、挡位切换

自动变速器各挡之间切换，参看图7.5。

P↔R：需要按锁止按钮，需要刹车。
R→N：不用按锁止按钮，不用刹车。
N→R：需要按锁止按钮，需要刹车。
N↔D：不用按锁止按钮，不用刹车。

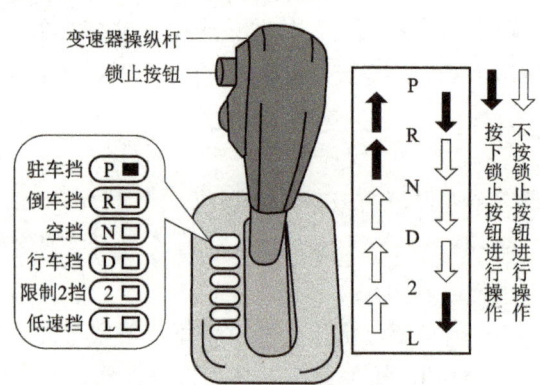

图7.5 自动变速器挡位示意图

注意，只有变速器操纵杆处在P挡和N挡时才可以点火，但在任何挡位时都可以熄火。与手动挡汽车相同，正常向前行驶过程中不得挂倒挡，倒车挡

R与前进挡的转换一定要在车辆停稳后才进行，否则会严重损坏自动变速器。

二、点火起动

正确点火动作：将钥匙从LOCK转至ON，仪表盘上部分指示灯亮。此时车载系统开始自检，包括发动机、润滑油、ABS、Airbag、车门、引擎盖、后备厢等项的检测。同时，油泵开始工作。5~10 s以后，各灯熄灭，自检完成。踩下制动器踏板，将钥匙转至START位置持续约3 s（注意时间不要过长，否则会损坏起动机），再次踩下制动器踏板（从P挡摘出变速器操纵杆一定要先踩下制动器踏板），挂入D挡（或R挡），松手刹，缓慢松开制动器踏板，适当踩下加速踏板，车辆起动成功。

需要注意的是，P挡和N挡都可以用来点火起动车辆，N挡点火起动主要用于行车途中突发故障，需要重新起动发动机的时候。汽车原地起步时还是应该用P挡点火起动。网上流传的起动发动机后，从P挡直接换入D挡会对变速器产生冲击（因经过R挡）的说法并无理论依据。

★ 自动挡汽车钥匙位置及含义（参看图7.6）

LOCK——转向盘锁，钥匙转至该位置时，切断全车电源，锁止转向盘。

ACC——附属设备电路接通位置，钥匙转至该位置时，接通附属设备电源（如收音机、点烟器等）。

ON——发动机点火开关位置，钥匙转至该位置时，接通全车除发动机以外的全部电源并开始自检；发动机起动后，开关维持在该位置以供给发动机运转所需电能。

START——发动机起动位置，钥匙转至该位置时，接通起动机电源，起动发动机。（松开钥匙会自动弹回ON位置。）

有的汽车钥匙孔上标有"PUSH"字样，是提示在拨动钥匙时，注意按下锁钮。

图7.6 钥匙位置

三、坡路驾驶

1. 上坡起步

自动挡汽车上坡起步时需注意，车辆起动前，要确保变速器操纵杆在P挡或N挡位置上，起步时注意制动器踏板、手刹和加速踏板应配合好，挂上D挡后（坡度较大时，可挂限制挡或低速挡），松手刹的同时慢抬制动器踏板（相当于手动挡汽车的慢抬离合器踏板），然后轻点加速踏板，让车辆慢慢起步。

切忌猛踩加速踏板，否则不仅费油，而且有损车辆。注意挂挡时不要松开制动器踏板。

实际驾驶自动挡汽车上坡起步时，一般短时间内是不会溜车的。因此，很多人就认为自动挡汽车上坡起步一定不会溜车，其实这个认识是错误的。

一般，自动挡汽车在怠速下就能缓缓前进，这是传动系统设置了动力"余量"的结果。当坡度不大且路面良好时，汽车凭借动力"余量"，可以轻易克服重力沿坡向的分力，向前行驶；当车辆停在一个坡度较大或者路面光滑的斜坡上，其重力沿坡向的分力大于怠速时的动力"余量"时，操作不当还是会导致车辆溜坡。因此，驾驶自动挡汽车在陡坡起步时，出于保险还是应该配合手刹来起步。

2. 下坡起步

在一般缓直的下坡道上，以 D 挡正常起步行驶即可，不需要特别操作；在坡道较陡时，宜选用限制挡（低速挡）起步——踩住制动器踏板，挂入限制挡（低速挡），松开手刹，缓慢抬起制动器踏板，使汽车平稳起步。长距离下坡行驶时，要注意控制车速，保持限制挡（低速挡）缓慢匀速行驶。此时限制挡（低速挡）就是作为辅助制动来使用，如前文所述，手动挡汽车长距离下坡行驶、下陡坡时可以挂在较低挡位作为辅助制动；而自动变速器在 D 挡时是没有辅助制动作用的，它只会越滑越快。这时就可以挂入限制挡（低速挡），限制挡位上升，充分利用发动机的制动作用，以减小制动器的工作压力，防止因长时间制动造成制动器过热而导致刹车失灵（制动效能热衰退），影响行车安全。

限制挡（低速挡）也可以作为强制降挡使用，即可以通过限制挡（低速挡），把挡位控制在较低挡位上来实现长时间大扭矩输出。

四、超车

超车是一种比较危险的工况，要求驾驶者做到：准备务必充分，操作务必果断。

准备务必充分——超车之前要充分了解前方的路况，但凡存在一点未知路况或者可能引起超车失败的因素，都要放弃超车。

操作务必果断——在不影响车辆稳定性的前提下，尽可能深地踩踏加速踏板，使车辆获得尽可能大的加速度，从而在尽可能短的时间内完成超车。

自动变速器会根据驾驶者踩踏加速踏板的深度，自动降挡以提高车辆的加速度。在自动换挡过程中可能会存在短暂的动力中断（主要是 AT、AMT 车），这是正常现象，不要惊慌，要保证踩住加速踏板不松开，动力很快就会跟上来。超车时切忌犹豫不决，加速踏板一定果断踩下去，不可试探性地往下踩。这样容易导致变道后变速器尚未降挡，车辆加速度不足，速度提不上去，使两车并排行驶，这时再往下踩加速踏板，会引起变速器降挡，造成动力中断，而如果此时对面来车会十分危险。

五、熄火驻车

最佳操作：先以 N 挡熄火，待车辆停稳后，将制动器踏板踩到底，拉手刹，最后换入 P 挡，松开制动器踏板。

行车结束车辆进入停车位置后，踩住制动器踏板将排挡杆拉到 N 挡（要用眼睛确定，不要仅凭感觉），拉起手刹，缓慢松开制动器踏板（没有溜车现象时），然后扭钥匙熄火（注意是在 N 挡上熄火），最后再将排挡杆推入 P 挡。当然这是对自动挡变速器的精心保护。很多人习惯将车停下来就直接推到 P 挡，然后再熄火，拉手刹，细心的人会发现，这样操作，熄火后一般车辆因道路不平会向前或向后有一个微小的挪动，而这时 P 挡变速器有个咬合装置是和变速器齿轮咬住的，这时的挪动会对变速齿轮造成一定冲击。这就是车辆有时候会出现下述问题的原因：起动发动机后要挂挡（从 P 挡推到 D 挡或 R 挡）时，变速器操纵杆无法从 P 挡移出（好像被锁死了）。因此，车辆停稳前绝不可以换入 P 挡。

第八章　汽车新技术

> 本章主要介绍一些已被应用在汽车驾驶方面但尚未全面普及的新技术，使学生了解汽车新技术，感受新技术为汽车驾驶提供的安全性、经济性和便利性，并启发学生认识到现阶段人类生产制造的汽车尚有哪些可改进之处和可发展的空间。

第一节　安全新技术

> 自汽车诞生之日起，汽车安全问题就备受关注。随着汽车工业的飞速发展和汽车保有量的大幅提高，每年因交通事故造成的人员伤亡和财产损失也在大幅增加。企业也越来越多地把安全性当作宣传的重点，越来越多的安全技术研究成果被广泛应用。目前，汽车安全技术正朝着集成化、智能化、系统化、全员化的方向发展。

一、车辆稳定性控制系统

车辆稳定性控制系统（Vehicle Stability Assist，VSA），是具有世界先进水平的提高车辆稳定性和行驶安全性的控制系统。VSA 系统除具备传统的制动防抱死功能和牵引力控制功能外，还增加了防侧滑控制功能。

防抱死制动系统（Antilock Braking System，ABS）：防止车辆在制动时，特别是在湿滑路面上制动时车轮抱死，从而避免车辆甩尾，并且保持车辆的转向能力，提高了制动安全性。

牵引力控制系统（Traction Control System，TCS）：防止车辆在起步或加速时车轮空转打滑，从而避免由于打滑造成的加速缓慢或方向失控，提高了加速性和安全性。此项功能对于车辆在冰雪或其他湿滑路面上起步、加速有很大的实用性。

防侧滑控制（Skid Control，SC）：有资料显示，60%引起死亡的交通事故是由车辆侧滑导致的，所以侧滑甩尾是汽车驾驶中极度危险的冷面杀手。VSA系统通过相关传感器对车辆行驶状态进行实时探测和监控。当系统判断车辆产生转向不足或转向过度、有侧滑或甩尾危险时，能够主动地降低发动机的输出扭矩或者对相应的车轮进行制动，使车辆产生相反方向的偏转力矩，从而抑制转向不足或转向过度，如图8.1所示，预防侧滑发生，保持行车的稳定性。VSA系统能够帮助驾驶者更加从容地操控车辆，将车辆尽可能控制在正常的驾驶范围内，带来更加安心的驾驶感受。特别是在遇到紧急情况突然转向、通过湿滑路面等情况下，能够最大限度地保证车辆的行驶安全。为了提高驾驶安全性，VSA系统在国外轿车上已经有较高的普及率，但在国产中高档轿车上的普及率还比较低，今后轿车配置VSA必将成为一种趋势。

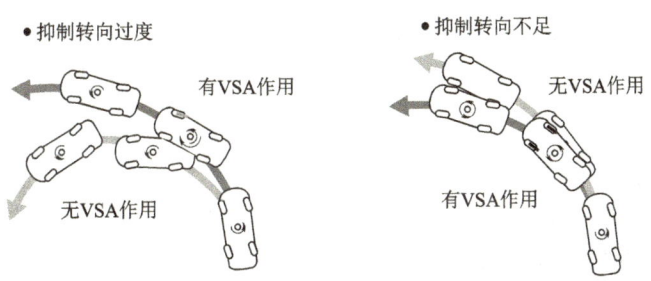

图8.1 VSA工作示意图

二、车道偏离预警系统

车道偏离预警系统（Lane Departure Warning System，LDWS）是一种通过报警的方式，辅助驾驶者减少汽车因车道偏离而发生交通事故的系统。该系统提供智能的车道偏离预警，在无意识（驾驶者未打转向灯）偏离原车道时，能在偏离车道0.5 s之前发出警报，如图8.2所示，为驾驶者提供更多的反应时间，大大减少了因车道偏离引发的碰撞事故。此外，使用车道偏离预警系统，还能纠正驾驶者不打转向灯的习惯，该系统的主要功能是提醒过度疲劳或解决长时间单调驾驶引发的注意力不集中等情况。汽车安全专家指出，约有50%的汽车交通事故是因为汽车偏离正常的行驶车道引起的，究其原因主要是驾驶者心神烦乱、注意力不集中或疲劳驾驶。

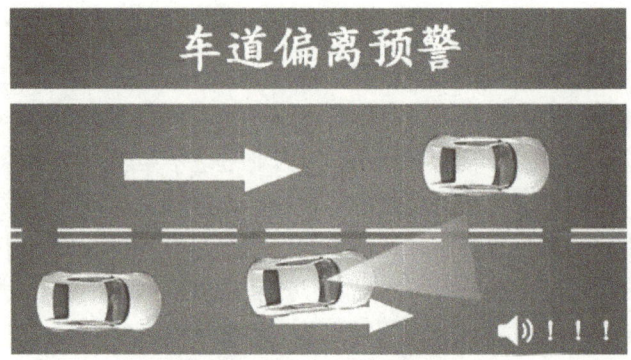

图 8.2　LDWS 工作示意图

三、城市安全系统

城市安全（City Safety）系统是由沃尔沃汽车公司在 2010 年推出的汽车防撞技术。作为一项最新的主动安全技术，它能够帮助驾驶者避免城市交通常见的低速行驶时的追尾事故。沃尔沃汽车公司估计这项技术能够避免一半的追尾碰撞事故，也可以最大限度避免损失。当车辆的速度达到 30 km/h 时，这套系统就会自动启动，通过前风挡上的光学雷达系统监视交通状况，尤其是车头前 6 m 内的情况。图 8.3 所示为城市安全系统工作示意图。当前车刹车、停止或者有其他障碍物的时候，这套系统首先会自动在刹车系统上加力，以帮助驾驶者在做出动作前缩短刹车距离；或者它还可以通过调整转向盘来改变车辆行驶路径，以避开障碍物。当然，如果距离障碍物已经很近，这套系统会自动紧急刹车而无须驾驶者的操作。这套系统在白天和夜间都可以正常使用，不过和其他一些雷达装置一样，在有雾、下雨和下雪的时候会受到一定的限制。

图 8.3　城市安全系统工作示意图

四、行人安全气囊

汽车行人安全气囊藏在汽车车头,遇撞击后会自动弹出,以降低行人所受的伤害。安全气囊的运作主要依赖车头防撞杆底下安装的一系列精密感应仪器。当行人撞到车头防撞杆的任何一处,安全气囊会从挡风玻璃下缘弹出,并撑起发动机罩的后缘,使发动机内有更多空间。安全气囊主要用来保护行人,避免行人头部撞到发动机罩、挡风玻璃下缘和 A 柱下缘。外置安全气囊能侦测车头防撞杆撞到的物体究竟有多硬,万一汽车前方撞到人,外置于车头盖内的气袋便会在瞬间自动充气弹出,呈"U"形覆盖在挡风玻璃四周,如图 8.4 所示,形成一个保护垫,避免行人的头部和颈部受重伤。倘若路人被撞到飞起,落在车头上,也能有多一重保护。

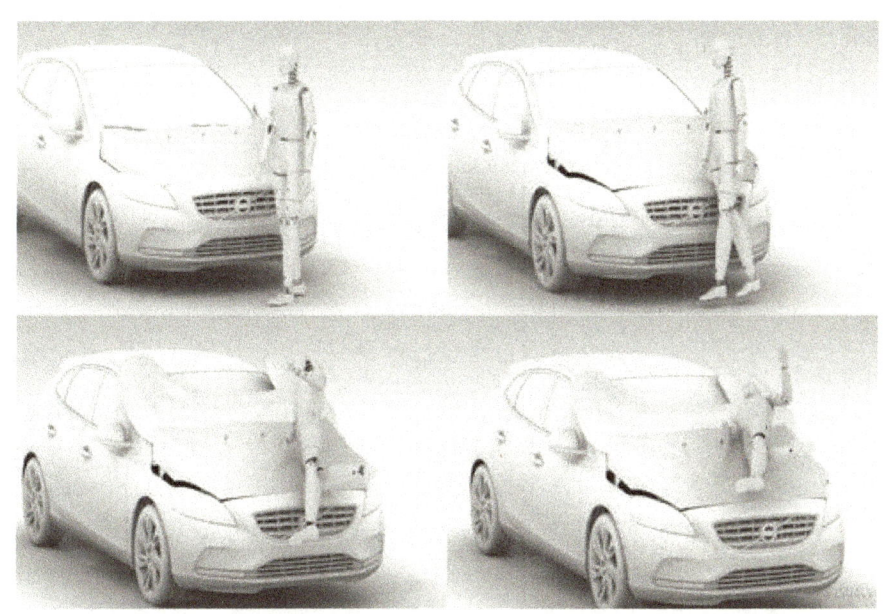

图 8.4 行人安全气囊保护原理

五、LED 大灯

现在大多数车型仍然在使用普通的卤素大灯,好一点的车型会使用氙气大灯。最多是在灯组的构造上做一些创新,利用透镜、反射等光学原理来提高灯光的效率,但是灯组本身技术创新不足。2008 年,奥迪首先在 A4 车型上使用了 LED 示宽灯,开启了 LED 大灯时代。之后很多厂商都开始跟进,纷纷采用 LED 示宽灯,现在欧洲甚至开始立法规定,为了行驶安全,所有在售车型必须装配 LED 示宽灯。但是，所有厂家只停留在 LED 示宽灯这一步，并没有进一步创新。全 LED 大灯几乎所有的特性都超越了现有的氙气大灯，而且成本更低（现在这项技术还未普及，厂家肯定会拿这项技术作为卖点，虽然成本低，但售价并不低）。所以，全 LED 大灯没有理由不取代传统的大灯，只是时间问题，相信不会太久。图 8.5 所示为全 LED 大灯。

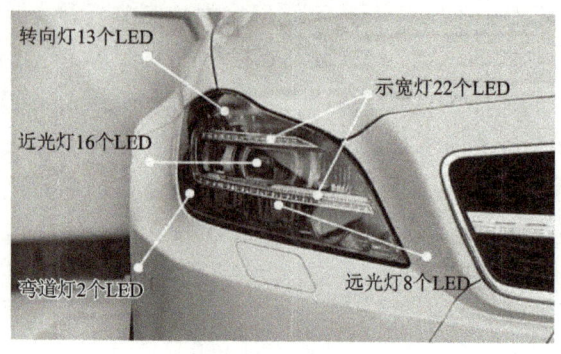

图 8.5　全 LED 大灯

第二节　节能新技术

> 汽车节能技术，即用于改进汽车能源消耗的技术。汽车节能是我国经济和社会发展的一项长远战略方针。我国公路客货运输量和汽车保有量均迅速增长，我国汽车运输需求的能源数量不断激增，而我国的石油资源远远不能满足其需要。我国汽车节能技术的水平低于世界发达国家，机动车燃油经济性水平比欧洲低25%，比日本低20%，比美国整体水平低10%。

一、缸内直喷技术

缸内直喷技术（Fuel Stratified Injection，FSI），即燃料分层喷射技术，代表着传统汽油发动机的一个发展方向。传统汽油发动机是通过电脑采集凸轮位置以及发动机各相关工况，控制喷油嘴将汽油喷入进气歧管。但由于喷油嘴离燃烧室有一定的距离，汽油与空气的混合情况受进气气流和气门开度的影响较大，并且微小的油颗粒会吸附在管道壁上，所以希望喷油嘴能够直接将燃油喷入气缸，如图 8.6 所示。

第八章 汽车新技术　79

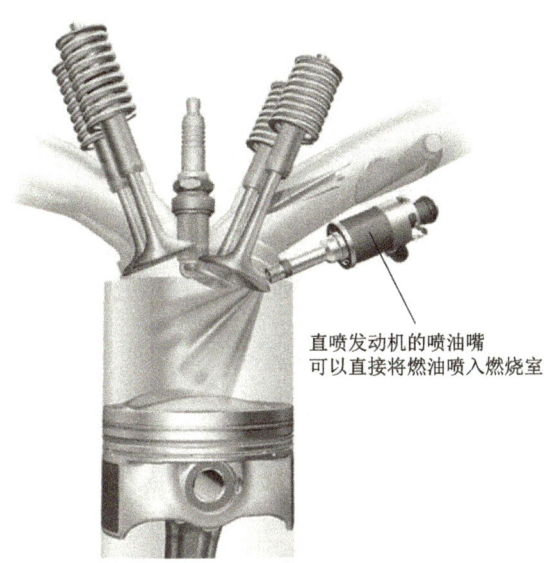

图 8.6　缸内直喷示意图

近年来各汽车厂商采用的发动机科技中，最炙手可热的技术非缸内直喷莫属。这套由柴油发动机衍生而来的科技，目前已经大量用在包括大众（含奥迪）、宝马、梅赛德斯-奔驰、通用以及丰田车系上。各厂商缸内直喷技术英文缩写：大众——FSI，奥迪——FSI，梅赛德斯-奔驰——CGI，宝马——GDI，通用——SIDI，福特——GDI。

二、自动起停系统

自动起停系统（Stop-Start）开关如图 8.7 所示，该系统的使用方法和工作原理如下所述。

手动挡汽车：驾驶者踩下制动器踏板，车停稳后，摘到空挡，自动起停系统自动检测发动机处于怠速工况；ABS 的车轮转速传感器显示为零；电子电池传感器显示有足够的能量进行下一次起动。三个条件都满足，发动机便自动熄火。这时可以拉上手刹，解放双脚。起动时，踩下离合器踏板，自动起停系统迅速把指令传到起动机，发动机便重新起动。

自动挡汽车：驾驶者踩下制动器踏板，自动起停系统自动检测（条件同上），条件满足，

图 8.7　自动起停系统开关

发动机便自动熄火。起动时，松开制动器踏板或转动转向盘，自动起停系统迅速把指令传到起动机，发动机便重新起动。注意，整个过程中，变速器都处于 D 挡不变。

除上述三个条件未满足的情况之外，以下情况也会导致自动起停系统不工作：

（1）空调剧烈工作时（除霜/除雾、处于 Hi 挡/Lo 挡等）。

（2）自动挡车型未使用 D 挡或手动挡车型未摘空挡时。

（3）未踩住制动器踏板时。

（4）转向盘发生转动时。

使用自动起停系统，在综合工况下可节油 5%～10%、减少 CO 排放 5%，在拥堵的市区节能效果能达到 10%～15%，还能减少 CO 排放、噪声污染以及发动机积炭。

三、智能化绿色节能辅助系统

智能化绿色节能辅助系统简称 ECON，该系统原先在本田旗下的混合动力车型上使用，通过改良后，开始在传统的发动机车型上使用。驾驶时，按下 ECON 按钮（见图 8.8）瞬间，显示屏上的绿色树叶标识首先让驾驶者意识到车辆已经进入了低碳环保的驾驶模式。接下来，ECU、发动机、变速器完全依照最低燃油消耗的模式智能地执行驾驶者的意图，以快速升挡、平稳提速来实现最佳的燃油经济性，空调也处于节能模式，通过降低风扇运转的电压，智能调整制冷工况，减轻发动机负担。同时，在速度表的两侧，也会以绿、红、蓝三种颜色的显示灯实时提示车辆的瞬间油耗。当驾驶者深踩加速踏板时，ECON 系统会对进气阀门的开合度进行有效控制，保证发动机平缓运行的同时，实现节能。

图 8.8　ECON 按钮

第三节 智能新技术

> 随着汽车产业的发展以及人们对驾驶体验要求的提高,时至今日,汽车已经远远不是传统意义上的交通工具。随着现代汽车工业技术和电子技术的快速发展,车载导航、位置应用、智能办公、安全防护、远程管理和故障远程诊断等,具有智能化的服务应用正不断被加载到汽车上,汽车变得越来越智能化。

一、自动巡航控制

自动巡航控制(Cruise Control)是让驾驶者无须操作转向盘、离合器踏板与加速踏板就能保证汽车以某一固定的预选车速行驶的控制系统。当汽车在高速公路上长时间行驶时,一打开巡航控制开关,系统就能够根据道路行驶阻力的变化,自动地增减发动机油门的开度,使汽车行驶速度保持一定,从而给驾驶带来很大的方便,同时也可以得到较好的燃油经济性。定速巡航有时也被厂家称为速度控制(Speed Control)或自动巡航(Auto Cruise)。

目前巡航功能主要分为定速巡航、限速巡航和主动巡航(高端车型配置)。

1. 定速巡航

定速巡航是其中最常见的,在驾车行驶过程中,驾驶者可以起动定速巡航,之后无须再踩油门,车辆即可按照一定的速度前进。在定速巡航起动后,驾驶者也可通过定速巡航的手动调整装置,如图 8.9 所示,对车速进行小幅度调整,而无须踩油门。若要取消巡航设定,踩下刹车或关闭巡航开关即可。

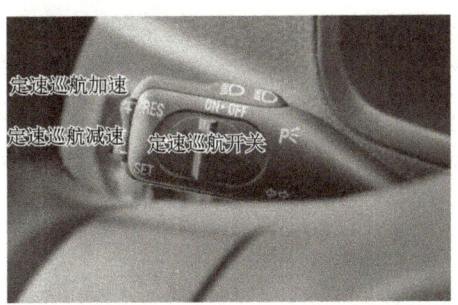

图 8.9 自动巡航控制操纵装置

在平缓的道路上,使用定速巡航可以保持车辆匀速行驶,减少耗油量;在长途驾驶时，定速巡航装置可以把驾驶者的脚从加速踏板上解放出来，从而降低疲劳程度；在有限速标志的路段，驾驶者可以运用定速巡航控制车速，不再看速度表，把注意力放在路面上，从而可以促进行车安全。

2. 限速巡航

限速巡航与定速巡航非常相似，最大的区别是设定限速后，若要保持设定速度，脚不能离开加速踏板，只要达到设定速度，电脑会自动判断此时所需供油量，除非将油门快速深踩，否则油门的轻微增加不会有任何影响。换句话说，油门变成了限速开关的保险，只有踩着油门才能实现与定速巡航同样的效果。最大的特点是：脚不离开踏板，遇到紧急突发情况，反应时间会更短一些；由于油门依然可控，在上下坡较多的路段，能恒定行驶在设定的巡航速度，人性化很多。

3. 主动巡航

主动巡航最大的特点是在巡航功能上加入了雷达或红外线探测器，并且赋予巡航"人工智能"。它能帮助驾驶者在大雾、沙尘等天气下保证更高的安全性，并且能完成高级驾驶者所具备的跟车能力。虽然还不能完全取代人的作用，但在紧急时刻能为驾驶者预留出更多的处理时间，或帮助驾驶者在第一时间做出正确反应。遗憾的是，目前主动巡航系统只出现在高端豪华车上，平民百姓要用上它还需时日。

二、智能驾驶控制系统

智能驾驶控制系统（intelligent-Drive System）简称"iDrive"，它是一种全新的、简单、安全和方便的未来驾驶概念，属于自动化信息化驾驶系统的范畴。某些高级轿车和概念车上配备了这项最新的科技。iDrive 使用起来非常简便。8 个主菜单分别为车内气候、通信（车载电话等）、娱乐（CD/电视等）、导航、信息、服务支持、功能设置和帮助菜单。其中经常使用的是前 4 个。主菜单可通过圆形旋钮向上下左右四个方向推拉控制器进入。以气候调节为例，3 次简单操作就可以调节车内不同位置的温度和气流分布，例如可以设定某个座椅的加热从腰部位置开始（当然，这也归功于舒适性座椅），而气流是以某种流量按设定的方向吹出。图 8.10 所示为 iDrive 触控旋钮。

三、全景影像停车辅助系统

全景影像停车辅助系统，又称汽车环视系统。它是在停车过程中，通过车辆显示屏幕观看四周摄像头图像，帮助驾驶者了解车辆周边视线盲区，使停车更直观方便。主要原理是将安装在车辆前后以及两侧的 4 个 180°广角摄像机

第八章 汽车新技术　83

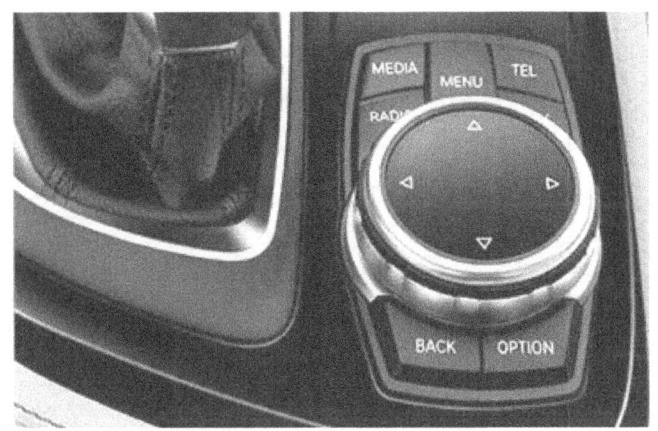

图 8.10　iDrive 触控旋钮

所提供的图像，合成为车辆的俯视图显示在车内的显示器上，如图 8.11 所示。全景影像停车辅助系统能为汽车驾驶者提供更为直观的辅助驾驶图像信息，在汽车辅助驾驶和汽车安全上有着非常好的应用前景。

该系统对于大体积的汽车来说可以明显减少停车入位时造成的剐蹭事故。此外，对于拥挤的都市驾驶也能起到辅助作用。

图 8.11　全景影像停车辅助系统显示屏

参 考 文 献

[1] 陈家瑞,等. 汽车构造(上、下)[M]. 第3版. 北京:机械工业出版社,2009.
[2] 余志生. 汽车理论[M]. 第5版. 北京:机械工业出版社,2009.
[3] 王望予. 汽车设计[M]. 第4版. 北京:机械工业出版社,2004.